Al Ries und Laura Ries

Die 11 unumstößlichen Gebote des Internet-Branding

Aus dem Amerikanischen
von Astrid Pumpernig

Econ

Die amerikanische Originalausgabe erschien 2000 unter dem Titel
The 11 Immutable Laws of Internet Branding

Published by arrangement with HarperCollins Publishers, Inc.

Der Econ Verlag ist ein Unternehmen
der Econ Ullstein List Verlag GmbH & Co. KG

1. Auflage 2001

ISBN 3-430-17767-7

*Gewidmet den Dotcoms, die unsere Welt
zu einem besseren Ort machen*

Inhalt

Einleitung

Es ist noch gar nicht so lange her, dass der 25-jährige Naval Ravikant eine Idee hatte: eine Website für »Meinungen« und Rezensionen über alles, was ein Konsument so kaufen konnte.

Bislang, so sein Gedanke, gibt es im Web zwar eine Reihe von Online-Shopping-Guides, die quantitative Daten und Vergleiche von Preisen und Produktmerkmalen anbieten, in denen aber kaum Ratschläge von Leuten zu finden sind, denen die Konsumenten vertrauen können.

Ravikant erzählte dem 27-jährigen Nirav Tolia, einem Marketingmanager von Yahoo!, von seiner Idee. Daraufhin gründeten die beiden angehenden Jungunternehmer ein neues Internetunternehmen namens Epinions.com.

Das war eine mutige Entscheidung. Ravikant ließ einen Job beim Internet-Start-up At Home mitsamt Aktienoptionen im Wert von vier Millionen US-Dollar sausen, und Tolia verzichtete auf Aktienoptionen im Wert von zehn Millionen US-Dollar bei Yahoo!

Innerhalb von zwölf Wochen holten die beiden Internetpioniere laut einem Bericht der *New York Times* vier weitere Partner an Bord und trieben acht Millionen US-Dollar an Risikokapital auf. In einer zweiten Finanzierungsrunde unter der Ägide der Investmentbank Goldman Sachs brachte Epinions vor kurzem weitere 25 Millionen US-Dollar auf.

Wird Epinions.com ein großer Erfolg werden? Wer kann

das schon wissen ... Aber das Start-up weist vier Merkmale auf, ohne die eine erfolgreiche Internetmarke nicht denkbar ist:

Interaktivität (unumstößliches Gebot Nr. 2)

Auf dieser Site kann jeder beliebige Konsument seine Meinung zu einer Vielzahl von Produkten und Dienstleistungen kundtun. »Don't get mad, get even with Epinions.com« (Drehen Sie den Spieß um mit Epinions.com). Die erfolgreichsten Marken im Internet sind keine Ebenbilder bestehender Marken, sondern sind vollkommen neue Marken mit dem Schwerpunkt »Interaktivität«.

Auf der anderen Seite muss eine erfolgreiche Internetmarke nicht unbedingt auf einer originellen Idee basieren. Kundenrezensionen sind seit Jahren ein wesentlicher Bestandteil der Site von Amazon.com. Die Gründer von Epinions.com taten nichts anderes, als diesen einen Aspekt von Amazon.com aufzugreifen und darauf eine ganze Website aufzubauen.

Ein Eigenname (unumstößliches Gebot Nr. 4)

Nur weil Sie bei der Registrierungsbehörde ein Wort eintragen lassen, haben Sie noch lange keinen echten Markennamen.

Es gibt zwei Arten von Namen: Eigennamen und allgemeine – oder generische – Namen. Ein Eigenname ist der Name einer bestimmten Person, eines bestimmten Ortes oder einer bestimmten Sache. Ein allgemeiner oder generischer Name ist der Name einer Kategorie, der viele Menschen, Orte oder Dinge zuzuordnen sind.

Ein generischer Name, mit einem ® versehen, wird im Kopf des potenziellen Kunden noch lange nicht zu einem **Eigen**namen. Wenn Sie einen Namen lesen oder hören, wandeln Sie diesen Namen in einen »Klang« um, der von Ihrem Bewusstsein verarbeitet wird. Klänge lassen sich nicht kapitalisieren.

»Epinions« ist ein echter Markenname, obwohl das Wort eine Kombination aus zwei generischen Wörtern, nämlich *electronic* und *opinions*, ist. (Das ».com«, Dotcom genannt, ist ein generischer Ausdruck, aus dem hervorgeht, dass Epinions der Markenname einer kommerziellen Internetwebsite ist.)

Hätte »Opinions.com« genauso gut funktioniert? Sicher nicht. *Opinions* ist ein allgemein gebräuchliches Wort. Es gibt viele Websites, in deren Namen es vorkommt. Aber nur ein einziges »Epinions«. Das ist ein echter Markenname.

Einzigartigkeit (unumstößliches Gebot Nr. 5)

Epinions.com hat bereits eines der wichtigsten Prinzipien des Internet-Branding gezeigt: Um eine starke Marke aufzubauen, müssen Sie der Erste in einer neuen Kategorie sein. Nur wenn Sie der Erste sind, können Sie die Kategorie für sich vereinnahmen und der Konkurrenz den Weg versperren. (Nr. 2 ist im Netz ein Nobody.)

Außerdem: Der Erste zu sein kann Ihnen ungeheure Publicity bringen. Epinions.com wurde bereits die Ehre eines vierseitigen Artikels im *New York Times Magazine* zuteil.

Es wäre eigenartig gewesen, hätte Epionions.com beschlossen, die Site mit einer großen Werbekampagne zu lancieren.

Die Welt wird schließlich überschwemmt mit Werbung, die aus den Meinungen von Millionen von Herstellern besteht. Am entgegengesetzten Ende des Spektrums stehen die Kunden, deren Meinungen nur selten das Tageslicht erblicken. (Hey, Delta Airlines, wann werdet ihr endlich eure Tarifstrukturen vereinfachen?)

Die Medien stehen in der Mitte. Sie vertreten die Meinungen einer dritten Partei der Transaktionen. Ihre

Unterstützung wiegt bei den Konsumenten viel mehr als Werbung.

In der Welt des Internets bauen Sie Ihre Marke durch Publicity auf. Am Leben erhalten Sie sie mit Werbung.

Zeit (unumstößliches Gebot Nr. 8)

»Nichts auf der Welt«, schrieb Victor Hugo, »ist so mächtig wie eine Idee, deren Zeit gekommen ist.« Die Vorstellung, dass eine Idee, wie revolutionär sie auch sein mag, einer einzelnen Person zuzuschreiben ist, ist falsch. Ein genauerer Blick in die Geschichte zeigt, dass an praktisch allen großartigen und revolutionären Entwicklungen (Auto, Flugzeug, PC) mehrere verschiedene Forscher gleichzeitig arbeiteten.

Der ultimative Sieger ist nicht immer derjenige, der die bessere Idee hat. Oft geht der, der als Erster die Initiative ergreift, als Sieger ins Ziel. Wenn Sie eine starke Internetmarke aufbauen wollen, brauchen Sie eine Idee, so viel steht fest. Aber Sie müssen auch schnell handeln.

Das Internet ist der Wilde Westen, der Goldrausch von 1849 und die große Landgewinnung in einem. Wenn Sie das Internet an sich vorbeiziehen lassen, lassen Sie zu, dass Ihnen die Chance Ihres Lebens durch die Lappen geht.

1994 gründeten zwei Dissertanten der Stanford University (Jerry Yang und David Filo) eine Internetsuchmaschine mit Namen Yahoo! Nur fünf Jahre später war das Unternehmen auf dem Aktienmarkt 114 Milliarden US-Dollar wert.

Das Internet ist eine revolutionäre Entwicklung, wie sie nur alle zehn Jahre einmal vorkommt: eine Entwicklung, die viele Aspekte des täglichen Lebens verändert, auch solche, die nur entfernt mit dem Web zu tun haben.

Eine Auswahl der wichtigsten technologischen Entwicklungen der letzten fünf Jahrzehnte zeigt, welchen Platz das Internet im Zusammenhang einnimmt:

50er Jahre: Fernsehen
60er Jahre: Großrechner
70er Jahre: Elektronischer Chip
80er Jahre: PC
90er Jahre: Internet

Jede dieser Entwicklungen zog eine Fülle von Veränderungen nach sich, die Auswirkungen auf fast alle Aspekte unseres Lebens hatten.

Das Fernsehen verwandelte die USA der 50er Jahre und wenig später Europa und nahezu die gesamte Welt in eine Wohnzimmergesellschaft. Es änderte die Rolle des Radios, indem es ihm die Unterhaltung abspenstig machte und es zu einem Musik- und Nachrichtenmedium degradierte. Das Fernsehen veränderte aber auch die Politik. Der themenorientierte Wettbewerb verlor zugunsten der persönlichen Präsentation. Das Fernsehen veränderte unsere Essgewohnheiten, unsere Versorgung mit Nachrichten, unsere Vorlieben im Sport. (Baseball war in den Vereinigten Staaten der Sport Nr. 1 – bis das Fernsehen auf den Plan trat. Dann war plötzlich Football am beliebtesten. Warum? Nun, Football liefert bessere Bilder fürs Fernsehen.)

Das Fernsehen nimmt auch Einfluss auf die internationale Politik: Es liefert die Bilder, die uns Kriege wie den in Bosnien, im Kosovo und in Somalia ins Wohnzimmer tragen. Es zeigte uns die Schrecknisse von Vietnam und die Erfolge der USA im Golfkrieg.

Was das Fernsehen in den 50er Jahren im Privatleben der Menschen bewirkte, vollbrachte der Großrechner in den 60er Jahren in der Arbeitswelt. Der Computer revolutionierte alle Aspekte des Geschäftslebens, und zwar nicht nur die Sammlung von Daten und Aufzeichnungen, sondern auch Herstellung, Vertrieb und Marketing.

Die vielleicht wichtigste Auswirkung des Computers betraf die optimale Größe eines Unternehmens. Wenn ein Unternehmen wächst, nimmt seine interne Effizienz ab. Zu viele Managementschichten, zu viele Kommunikationskanäle, zu viel Aufwand bei der Beobachtung der Aktivitäten anderer Unternehmensmitglieder.

Der Großrechner bewirkte, dass die Größe eines optimalen Unternehmens nach oben revidiert wurde. Er ebnete den supereffizienten, riesigen Konzernen den Weg und führte direkt zur Globalisierung der Geschäftswelt. (General Electric mag im Großrechnergeschäft Schiffbruch erlitten haben, aber der Großrechner machte GE zu dem weltweiten Konzern, der er heute ist.)

Der elektronische Chip der 70er Jahre war die »unsichtbare« technologische Revolution. Heute ist praktisch jedes Produkt oder Gerät, das mit Strom betrieben wird, mit einem winzigen Chip ausgestattet, der seinen Betrieb kontrolliert. Ob Auto, Telefon, Kamera, Videorecorder, Herd, Waschmaschine, Trockner, elektrische Zahnbürste: ohne Chip geht nichts mehr. Man findet heute kaum noch ein nützliches Gerät, das nicht von der elektronischen Revolution profitiert hätte.

»Alles durchdringen« lautete das Motto der Elektronikindustrie in den 70er Jahren. Und so sollte es sein. Der Chip verbreitete sich in alle Branchen und fand seinen Weg in praktisch alle Anwendungen. (Heute wird er als Herzschrittmacher und in anderen »intelligenten« Geräten sogar schon in den menschlichen Körper implantiert. Sie können auch Ihren Hund mit einem Chip versehen. Damit erübrigt es sich, Zettel an Bäume zu kleben, falls er einmal Reißaus nimmt.)

Der PC fand in den 80er Jahren seinen Weg in die Wohnungen und die Büros und revolutionierte beide Welten. Er machte die Hersteller von Schreibmaschinen und Textverarbeitungen arbeitslos und brachte den Beruf der Sekretärin fast zum Verschwinden.

Die wichtigste Produkteinführung des 20. Jahrhunderts war vielleicht die des PCs von IBM im August 1981. Sie führte direkt zum Aufstieg von Microsoft und Intel, zwei der mächtigsten Unternehmen der Welt. In der Folge entstand eine riesige Industrie, die eine Flut nützlicher Softwareprodukte nach sich zog, von Tabellenkalkulationsprogrammen über Grafikprogramme bis hin zu persönlicher Finanzsoftware.

Ein gewisser Hinweis auf die Bedeutung des PCs war die Tatsache, dass der PC vom *Time Magazine* zum »Mann des Jahres« 1982 ausgerufen wurde.

Das Internet, das in den 90er Jahren zu seinem Höhenflug ansetzte, wird seinen Platz in der Geschichte neben dem PC, dem elektronischen Chip, dem Großrechner und dem Fernsehen einnehmen. Fünf Jahrzehnte unvorstellbarer Veränderungen, die unsere Lebens- und Arbeitsweise revolutioniert haben.

Von den fünf genannten Neuerungen wird sich das Internet als die wichtigste Entwicklung erweisen – als jene, die unser Leben stärker verändern wird als die vier anderen.

Dabei stehen wir erst am Anfang. Bedenken Sie eines: Das Internet wird Ihre Geschäftätigkeit selbst dann verändern, wenn Sie keine Website haben, wenn Sie Ihre Geschäfte nicht über das Internet abwickeln und wenn Ihr Produkt oder Ihre Dienstleistung nie im Cyberspace beworben oder verkauft werden wird.

Das Internet hat übrigens auch das Leben der Autoren dieses Buches verändert. Im letzten Jahr recherchierten wir intensiv für dieses Buch, unter anderem auch im Internet. Wir kauften Bücher, CDs, Flugtickets, Computer, Möbel, Kunstwerke, Bürozubehör und sogar einen Hund (Poodles.com) über das Internet. Fast alle unsere strategischen Projekte der letzten Zeit hatten mit dem Internet zu tun.

Ein Zeichen für die bevorstehende Revolution ist das rasante Wachstum des World Wide Web selbst. Zur Jahrhundertwende gab es über neun Millionen Websites im Internet, 80 Prozent davon waren kommerzieller Natur, Dotcoms genannt. Ihre Zahl wächst ständig. Woche für Woche kommen 50 000 neue hinzu.

Schnallen Sie sich also an, und wappnen Sie sich für die

Fahrt Ihres Lebens. Dies ist das Zeitalter des Internets, und die Zukunft gehört jenen, die ihre Marken im Netz am besten aufbauen.

Für sie haben wir dieses Buch geschrieben.

1
Das Gebot des Entweder-Oder

*Das Internet kann ein Geschäftsort oder ein Medium sein,
aber nicht beides*

Eine Website mit Ihrem Markennamen zu versehen reicht nicht aus, um eine Internetmarke aufzubauen. Es gibt Marken, und es gibt Internetmarken, und das eine hat nicht viel mit dem anderen zu tun.

Wenn Sie eine Internetmarke aufbauen wollen, dürfen Sie das Internet nicht als Medium betrachten. Sehen Sie es als einen Geschäftsort.

Nun denken Sie vielleicht: Aber das Internet *ist* doch ein Medium, wie Zeitungen, Radio und TV. Das mag schon sein, aber wenn Sie eine starke Internetmarke aufbauen wollen, müssen Sie das Internet als Chance und nicht als Medium betrachten. Sehen Sie das Internet als ein vollkommen neues Geschäft, als eine Tabula rasa, die demjenigen, der als Erster eine neue Kategorie schafft, unendliche Chancen bietet.

1. Es waren nicht ABC, NBC, CNN, *New York Times*, *Wall Street Journal*, *Time Magazine*, *Business Week* oder *Newsweek*, die die erfolgreichste Informationssite im Internet schufen. Es war Yahoo!

2. Es waren nicht Barnes & Noble, Waldenbooks oder Borders, die sich als erfolgreichster Buchhändler im Internet etablierten. Es war Amazon.com.

3. Es war nicht Sotheby's und nicht Christie's, die die erfolgreichste Auktionssite im Internet entwickelten. Es war eBay.

4. Es waren nicht AT&T, Microsoft oder Cablevision, die zum erfolgreichsten Anbieter von Internetdiensten wurden. Es war America Online.

Jeder weiß, dass das Internet die eigene Geschäftstätigkeit genauso verändern wird wie die aller anderen. Aber wie? Und was können wir tun? Achtung, es lauern zwei Fallen, in die Sie leicht tappen könnten: Entweder Sie überschätzen das Internet, oder Sie unterschätzen es.

Sie überschätzen es, wenn Sie glauben, dass das Netz die traditionelle Art der Geschäftstätigkeit vollkommen abschaffen werde. Das hat bisher noch kein Medium geschafft. Das Fernsehen ersetzte nicht das Radio. Das Radio brachte nicht die Zeitungen zum Verschwinden, und die Magazine machten nicht den Zeitungen den Garaus.

Sie unterschätzen das Internet, wenn Sie meinen, es werde keinen Einfluss auf Ihre Geschäftstätigkeit haben. Jedes neue Medium hatte Auswirkungen auf die Geschäftswelt, aber auch auf die bereits existierenden Medien. Das Radio war zum Beispiel hauptsächlich ein Unterhaltungsmedium, bis das Fernsehen auf den Plan trat. Heute bringt das Radio vorwiegend Musik, Nachrichten und Diskussionen.

Wir werden das Internet also nicht über-, aber auch nicht unterschätzen? Wir werden es einfach als einen zusätzlichen Pfeil in unserem Marketingköcher betrachten? Wenn Sie das tun, begehen Sie den größten Fehler von allen. Wenn Sie versuchen, einerseits eine Internetmarke aufzubauen und andererseits eine in der realen Welt verankerte physische Marke zu etablieren, verzetteln Sie sich. Keine Marke kann alles auf einmal sein. Und trotzdem empfehlen viele Internetexperten, auf zwei Hochzeiten gleichzeitig zu tanzen.

Zitat eines »Internetgurus«: »Der Internethandel muss Teil einer breiteren Strategie für die Abwicklung elektronischer Geschäfte sein, einer Strategie, die alle Möglichkeiten elektronischer Geschäftstransaktionen umfasst: per Touch-Tone-Telefon, Fax, E-Mail, Kiosk, Mobiltelefon, Palmtop und Internet.«

Viele Markeneigentümer halten sich an diese Strategie. Sie übertragen ihre bestehenden Marken ins Internet und warten auf ein Wunder. So kommt es, dass wir Sites wie die folgenden haben:

1. Levi.com, Dockers.com, Barbie.com
2. ABC.com, Forbes.com, Washingtonpost.com
3. Ford.com, GM.com, Daimlerchrysler.com

Kann man davon ausgehen, dass die Bekanntheit einer Marke außerhalb des Netzes das Interesse im Internet anfacht? Eine Studie, für die Forrester Research Personen in der Altersgruppe zwischen 16 und 22 Jahren befragte, sagt: »Nein«. Laut der in Cambridge, Massachusetts, ansässigen Firma haben »einige der heißesten Marken der Offline-Welt keinen Online-Wert«.

Das ist nicht überraschend. Gelang es vielleicht einer anerkannten Zeitung oder einem Magazin, den Übergang zum Fernsehen zu vollziehen? Nein. Sie versagten allesamt im neuen Medium, am spektakulärsten *USA Today* und *Good Housekeeping*. (*USA Today on TV* verlor im ersten Jahr geschätzte 15 Millionen US-Dollar und wurde im darauffolgenden Jahr eingestellt.)

Wirtschaftsmanager haben viel mit militärischen Generälen gemeinsam, die den Krieg von morgen mit den Waffen von gestern ausfechten. Sehen Sie sich nur die Flut der Websites an, die die reale Welt widerspiegeln.

Das Magazin *Slate*, das von Microsoft mit ungeheurer Publicity eingeführt wurde, ist ein typisches Beispiel. Herausgegeben von einer bekannten Persönlichkeit (Michael Kinsley, durch *Crossfire* von CNN berühmt geworden), dümpelte *Slate* als Webversion eines konventionellen Magazins vor sich hin. Nicht einmal auf den konventionellen Abonnementpreis von 29,95 US-Dollar wurde verzichtet.

Nur 28 000 Personen nahmen das Angebot an. Also stellte *Slate* auf einen für das Internet typischeren Abonnementpreis um, nämlich null US-Dollar pro Jahr. Der Verkehr auf der *Slate*-Site schnellte dadurch auf fast eine Million Besucher jährlich hoch. Die Frage ist: Wie will Microsoft Geld verdienen, wenn das Magazin gratis abgerufen werden kann?

Die logische Antwort lautet: mit Werbung. Wir glauben aber, dass auch das nicht funktionieren wird (siehe unumstößliches Gebot Nr. 6). Das Magazin Salon wird seit 1995 im Web publiziert. Obwohl das Magazin mehr als eine Million Besucher monatlich anzieht, ist es noch immer nicht profitabel. Im vergangenen Jahr lagen die Einnahmen bei nur 3,5 Millionen US-Dollar, hauptsächlich durch Werbung.

Tatsache ist: Magazine sind keine gute Analogie zum Internet. Dasselbe gilt übrigens auch für Radio, Fernsehen, Bücher und Zeitungen. Das Internet ist das Internet – ein einzigartiges neues Medium mit einzigartigen neuen Gegebenheiten und Erfordernissen. Der Aufbau einer Internetmarke kann nicht mit den traditionellen Strategien des Markenaufbaus bewerkstelligt werden.

Im Internet sollten Sie an den Markenaufbau herangehen, indem Sie alles vergessen, was Sie gelernt haben, und sich stattdessen die folgenden Fragen stellen:

1. Was funktioniert im Internet?
2. Was funktioniert im Internet nicht?

Dieses Buch wird Ihnen hoffentlich die Antworten geben, die Sie brauchen, um eine starke Internetmarke aufzubauen. Was Sie in diesem Buch erfahren, geht nicht von den Strategien aus, die in anderen Medien funktionieren, sondern es baut auf unseren Erfahrungen mit Entwicklungsstrategien für Dutzende Internet-Start-ups auf. Wir wissen, was funktioniert und was nicht.

Was uns zur ersten und wichtigsten Entscheidung führt, die Sie treffen müssen: Ist das Internet für mein Produkt oder meine Dienstleistung ein Medium oder ein Geschäftsort?

Wenn das Internet für Sie ein Geschäftsort sein soll, müssen Sie von der Pike auf anfangen. Sie müssen eine vollkommen neue Strategie entwerfen, eine grundlegend andere Art der Geschäftstätigkeit – und, was am wichtigsten ist: Sie müssen sich einen völlig neuen Namen suchen.

Wer wird den Bücherkrieg im Internet gewinnen – Amazon.com, Barnesandnoble.com oder Borders.com? Hegen Sie irgendwelche Zweifel, dass Amazon.com der große Sieger sein wird? Das sollten Sie nicht. Wenn Sie das Internet als Geschäftsort betrachten, ist es ein schwer wiegender Fehler, für Ihr physisches Unternehmen und Ihre Website denselben Namen zu wählen.

Wer wird den Bankenkrieg im Internet gewinnen – Citibank.com, Chase.com oder BankofAmerica.com?

Keine der Genannten. Der Bankenkrieg wird von lupenreinen Internet-Start-ups gewonnen werden, wie WingspanBank.com. Warum? Nun, das Internet wird für das Banking ein Geschäftsort sein, kein Medium.

Wenn das Internet ein Medium für Sie ist, können Sie Ihren bestehenden Markennamen verwenden. Das Internet wird damit zu einer Ergänzung oder einem Ersatz für bestehende Medien wie Radio, Fernsehen, Direktmail, Zeitung oder Magazin.

In Wahrheit ist das Internet ein gutes Informationsmedium, eine elektronische Bibliothek, wenn Sie so wollen. Jedes Unternehmen nennenswerter Größe braucht eine Website, um seine bestehenden und potenziellen Kunden über seine Produkte und Dienstleistungen sowie über Preise, Lieferdaten, Garantien, Farben, Größen, Kundenkommentare usw. auf dem Laufenden zu halten.

Statt von den Kunden zu verlangen, sich durch veraltete Kataloge oder Spezifikationsblätter zu quälen, ist ein Unternehmen besser beraten, wenn es eine gut gestaltete Website anbietet, auf der aktuelle Informationen auf hierarchische und interaktive Weise präsentiert werden. (Zum ersten Mal in der Geschichte rückt das papierlose Büro in den Bereich des Möglichen.)

Das Web kann viele gewöhnliche Geschäftstransaktionen vereinfachen. Wenn Sie Abonnent von *Newsweek* werden wollen, sollten Sie die Möglichkeit haben, www.newsweek.com in Ihren Browser einzutippen, auf die *Newsweek*-Site zu gehen und das Magazin dort zu abonnieren. Die Eingabe von Namen, Adresse und Kreditkarten- oder Bankkontonummer sollte genügen. Keine Werbekarten mehr, die aus dem Magazin fallen, keine Briefmarken, keine mühsamen Gänge zur Post, keine Telefonate mehr.

Bei diesem Beispiel fällt Ihnen vielleicht auf, dass sich das Produkt selbst nicht ändert. *Newsweek* ist immer noch ein Magazin, das wöchentlich in den Briefkasten gesteckt wird. Das Internet fungiert hier lediglich als Medium, das den Verkauf des Produkts erleichtert. Es gestattet Ihnen auch, Leseproben zu nehmen, sodass Sie entscheiden können, ob Sie das Magazin abonnieren wollen oder nicht.

Bei einigen Marken ist es natürlich anders: Hier ersetzt das Internet die bestehenden Vertriebsmethoden. (Alle Unternehmen, in denen viel telefoniert wird, sind gute Kandidaten für den Einstieg ins Web. Blumen- und Pizzazustelldienste sind ein offensichtliches Beispiel.)

Drei große Markennamen, die eng mit dem Telefon assoziiert werden (Dell, Cisco und Charles Schwab), gingen unter ihrem Namen ins Internet.

Dell Computer ist dabei, den Verkauf ins Internet zu verlagern. Das wird natürlich nicht über Nacht möglich sein, aber der Tag ist absehbar, an dem Dell den Löwenanteil seines Geschäfts über das Internet abwickeln wird. (Derzeit entfallen 40 Prozent der Umsätze des Unternehmens auf das Internet.)

Für Dell zahlte sich das Internet anders aus als nur durch erhöhte Umsätze. Es half dem Unternehmen, die Verkaufs- und Verwaltungskosten von 15 Prozent des Umsatzes vor fünf Jahren auf derzeit geschätzte neun Prozent zu senken.

Cisco Systems, der weltgrößte Lieferant von Netzwerkausrüstung, ging ebenfalls ins Netz. Heute wickelt Cisco mehr als 75 Prozent seiner Geschäfte über das Internet ab. Der Schritt ins Internet senkte die Vorlaufzeit für die Erledigung von Bestellungen von drei Wochen auf drei Tage.

Während sich der Gesamtumsatz verfünffachte, wuchs die Zahl der Mitarbeiter, die zur Bearbeitung der Anfragen gebraucht werden, um nur ein Prozent.

Charles Schwab verlagert sich ebenfalls vom Telefon ins Internet. Mit über einer Million Internetkunden (täglich kommen Tausende hinzu) entwickelte sich das Unternehmen zum führenden Online-Broker. Heute wickelt Schwab täglich rund 236 000 Transaktionen ab, von denen 80 Prozent elektronisch in Auftrag gegeben werden.

Anfangs meinte Charles Schwab, für das Internetgeschäft einen anderen Namen zu brauchen, und führte deshalb »eSchwab« ein. Vor kurzem wurde das »e« aber wieder gestrichen, und die URL lautet nun www.Schwab.com.

Das Beispiel Schwab macht zwei wichtige Prinzipien deutlich. Erstens: Der Name kann gleich bleiben, wenn das Geschäft einfach ins Netz verlagert wird. Zweitens: Im Internet liegt die Würze in der Kürze. Nun ist Charles Schwab ja kein besonders langer Name, aber das Unternehmen entschloss sich trotzdem, sich im Netz nur »Schwab« zu nennen.

Wenn Sie die Wahl haben, gehen Sie nicht das Risiko eines langen Namens ein. Potenzielle Kunden, die einen Namen über eine Tastatur eingeben müssen, bevorzugen kurze Namen.

Merrill Lynch vollzog ebenfalls den Schritt ins Internet und verwendete sowohl seinen bestehenden Namen (*www.MerrillLynch.com*) als auch die Initialen (*www.ml.com*). Das ist ein Fehler. Im Gegensatz zu Charles Schwab vollzog Merrill Lynch den Umstieg ins Internet nicht vollständig, sondern nur halbherzig. Die Firma beabsichtigt anscheinend nicht, auf die gut bezahlten 14 800 Makler zu verzichten, die ihr einen Großteil ihres Geschäfts bringen.

Die Website von Merrill Lynch ist nur eine Informationsquelle für die Kunden, deren Geschäftspartner weiterhin die Makler der Firma sind. Aber als separates Geschäft kann sie nicht funktionieren. Wenn Merrill Lynch das Internet als Geschäftsort nutzen möchte, müsste es sich einen anderen Namen zulegen (siehe unumstößliches Gebot Nr. 9).

Da heute schon zwischen 30 und 35 Prozent der Aktien-geschäfte von Privatpersonen über das Internet abgewickelt werden, war die Situation von Merrill Lynch beim Einstieg ins Internet anders als die von Schwab. Das Unternehmen hatte vier Möglichkeiten:

1. Nichts tun. Keine schlechte Idee. Es wird immer Leute geben, die von einem persönlichen Finanzberater beraten werden wollen.
2. Außerdem hätte Merrill Lynch, indem es gar nichts tat, auf die negative Seite des Internethandels hinweisen kön-nen. Es ist jedoch schwer, schlecht über den Konkurren-ten Charles Schwab zu reden, wenn man dieselben Dienst-leistungen anbietet wie er.
3. Denselben Schritt vollziehen wie Charles Schwab und das Geschäft ins Internet verlagern. Dafür ist es nun wahr-scheinlich zu spät. Außerdem: Was macht die Firma in diesem Fall mit ihren fast 15 000 Maklern und ihrer Repu-tation, die Kunden gut zu betreuen?
4. Ein Internetmaklerunternehmen mit eigenem Namen gründen. Das hätte Merrill Lynch tun sollen ... vor Jah-ren schon.
5. Das tun, was es tut: den Namen Merrill Lynch für beide Geschäftszweige verwenden. Das bedeutet, sich zwischen zwei Stühle zu setzen, und das kann nie funktionieren. Auf lange Sicht wird die Reputation von Merrill Lynch dadurch ernsthaft Schaden nehmen. Erst vor einem Jahr erklärte der Maklerchef von Merrill, John Steffens, öffent-lich, dass »das Do-it-yourself-Modell des Investierens, wie es sich im Internethandel präsentiert, als ernsthafte Bedrohung des Lebens der amerikanischen Finanzwelt zu betrachten ist«.

Vertrauen ist im Einzelhandel immer wichtig. Wenn Ihre Kunden Ihnen nicht vertrauen, können Sie nicht damit rech-nen, dass sie Ihnen treu bleiben werden. Sie unterminieren dieses Vertrauen, indem Sie mit zwei Zungen sprechen. Ein

Unternehmen sollte einen Standpunkt einnehmen und dabei bleiben. So baut es eine Beziehung zu seinen Kunden auf, die lange hält. Manchmal ist es wichtiger, konsequent zu sein, als »Recht« zu haben.

In jeder Branche ist Raum für verschiedene Ansätze, aber vielleicht nicht genug Raum für verschiedene Markenansätze. Kleinere Unternehmen tun möglicherweise am besten daran, sich mit Haut und Haar ins Netz zu verlagern.

Hoover's, Inc. begann als Buchladen und entwickelte sich dann zu einem Verlag für Wirtschaftsbücher. Das erste von ihm publizierte Buch, »Hoover's Handbook 1991: Profiles of Over 500 Major Corporations«, war ein enormer Erfolg. In der Folge brachte die Firma weitere Wirtschaftsbücher und Nachschlagewerke heraus.

Heute ist Hoover's Inc. jedoch in erster Linie eine Internetfirma, die Unternehmensprofile und andere Referenzinformationen an eine breite Palette von Unternehmen und Institutionen verkauft. 84 Prozent des Umsatzes des Unternehmens entfallen heute auf Webdienste.

Provident American war eine kleine Versicherungsgesellschaft aus Hartford, als sie sich zum Umstieg ins Netz entschied. Sie verkaufte daher ihr traditionelles Versicherungsgeschäft und trennte sich von rund 20 000 Versicherungsagenten. Dann änderte sie ihren Namen auf HealthAxis.com und ist heute ein Internetunternehmen, das Krankenversicherungen verschiedener großer Anbieter verkauft. Durch das Ausschalten der Vermittler, so die Firma, kann sie die Versicherungen um rund 15 Prozent günstiger anbieten, als sie es im Offline-Verkauf tun könnte.

Larry Latham hatte sich darauf spezialisiert, in Hotelsälen im ganzen Land an den Kreditgeber zurückgefallene Einfamilienhäuser zu versteigern. Trotz der blühenden Umsätze des Unternehmens von 600 Millionen US-Dollar jährlich entschloss sich Latham, die 14 Zweigstellen der Firma zu schließen und ins Internet zu gehen. Er stellte 22 Computerexperten ein und benannte das Unternehmen in »Homebid.com« um. Bereits in der Testphase verkaufte er 136 von

147 Häusern über das Web zu Preisen, die im Durchschnitt bei 97 Prozent des Listenpreises lagen.

Größere Unternehmen haben genügend Ressourcen, um sich sowohl ein Internet- als auch ein Offline-Geschäft leisten zu können. Normalerweise müssen sie jedoch zwischen den beiden Bereichen differenzieren, indem sie dem Internetgeschäft einen anderen Namen geben.

Amway, die größte Direktverkaufsfirma der Welt mit einem Jahresumsatz von über drei Milliarden US-Dollar, entschloss sich, mit ihrem einzigartigen Vertriebssystem ins Internet zu gehen. Aber nicht unter dem Namen Amway! Der Internetname lautet Quixtar.com.

Procter & Gamble verwendet das Web, um Schönheitsprodukte zu verkaufen, aber nicht unter dem Namen Oil of Olaz oder anderen bekannten Markennamen. Stattdessen hat P&G einen neuen Namen (Reflect.com) und eine neue Strategie kreiert. Die Site ermöglicht es den Kunden, ihre Auswahl an Schönheitsprodukten zu »personalisieren«.

Wie können Sie beurteilen, ob das Internet für Ihre Marke ein Geschäftsort oder ein Medium ist? Beantworten Sie dazu die folgenden Fragen:

1. Ist die Marke materiell oder nicht? Für materielle Produkte ist das Internet meist ein Medium, für immaterielle ein Geschäftsort. Immaterielle Produkte, die sich besonders für Internet-Branding eignen, sind Bank-, Versicherungs-, Aktienmakler- und ähnliche Produkte.

Online-Aktienmakler sind nur die Spitze des Internet-Eisbergs. Wir gehen davon aus, dass sich finanzielle Dienstleistungen aller Arten sehr schnell ins Netz verlagern werden. Die Einsparungen werden erheblich sein. American Express schätzt, dass das Unternehmen jedes Mal einen US-Dollar spart, wenn ein Karteninhaber seinen Kontostand im Web überprüft statt telefonisch.

Der Tourismus ist eine weitere Kategorie, die sich in den Cyberspace verlagert. Im letzten Jahr buchten fast doppelt so viele Personen (17 gegenüber neun Prozent) ihre Reise über das Internet wie im vorhergehenden Jahr.

2. Handelt es sich um eine Modemarke oder nicht? Für Modeprodukte ist das Internet hauptsächlich ein Medium, während es sich für andere Produkte als Geschäftsort präsentiert. Kleidung ist im Allgemeinen modeabhängig, ein Merkmal, das für Computer nicht gilt. Wenn Mode der wichtigste Faktor ist, ist die Wahrscheinlichkeit, dass sich ein nennenswerter Teil des Geschäfts ins Netz verlagert, eher gering.

Wir meinen, dass sich der Erfolg von Nordstromshoes.com in Grenzen halten wird, auch wenn die Site mit einer 17 Millionen US-Dollar teuren Werbekampagne lanciert wurde. Die Werbung ist zwar amüsant, aber wir glauben nicht, dass die Kunden viele Schuhe über das Netz kaufen. Schließlich gibt es drei wichtige Fragen, die eine Schuhsite nicht beantworten kann: Wird der Schuh passen? Wird er an meinem Fuß gut aussehen? Wird er bequem sein?

3. Ist Ihr Produkt in Tausenden Varianten erhältlich? Wenn ja, besteht die Wahrscheinlichkeit, dass das Internet für Sie ein Geschäftsort ist. Zum Beispiel bei Büchern: Es ist für Einzelhändler sehr schwierig, in einem Bereich zu konkurrieren, in dem es eine derartige Fülle von Wahlmöglichkeiten gibt. Wie könnte ein Buchladen alle Titel lagern, die bei Amazon.com erhältlich sind?

Eine weitere Kategorie, die sich voraussichtlich ins Web verlagern wird, sind Büromaterialien. Auch hier sind die Wahlmöglichkeiten so überwältigend, dass kein physisches Geschäft alles lagern kann, was ein Unternehmen möglicherweise kaufen will.

In der internetdominierten Wirtschaft wird die Produktvielfalt unweigerlich zu einem wichtigen Schlachtfeld werden. Lebensmittelläden ausgenommen, verlässt heute rund die Hälfte der Leute, die ein Geschäft betreten, den Laden wieder, ohne etwas gekauft zu haben. Der wichtigste Grund?

27

Der Laden hatte das Produkt nicht vorrätig, nach dem der Kunde suchte.

Heute, wo die Kunden alles im Web finden können, haben die Hersteller zwei Möglichkeiten zu reagieren:

Wenn physische Geschäfte Ihr wichtigster Vertriebskanal sind, müssen Sie die von Ihnen angebotene Produktvielfalt verringern. Die beste Möglichkeit für Compaq, auf Dell zu reagieren, wäre es beispielsweise gewesen, die Produktlinie abzuspecken und in den Einzelhandelsgeschäften nur noch eine Hand voll Computerprodukte »von der Stange« anzubieten. Wenn zu viele Varianten angeboten werden, ist es so gut wie sicher, dass ausgerechnet das Modell, das der Kunde möchte, nicht auf Lager ist.

Wenn das Internet hingegen Ihr wichtigster Vertriebskanal ist, ist es ratsam, die ganze Palette an Modellen, Größen und Farben anzubieten, die Ihnen zur Verfügung steht.

4. Ist ein niedriger Preis ein wichtiger Faktor für die Attraktivität der Marke? Wenn ja, ist das Internet wahrscheinlich ein Geschäftsort für Sie – siehe eBay.com und Priceline.com.

Die Tatsache, dass der Käufer die Preise heute auf vielen Sites schnell überprüfen kann, macht das Internet zu einem äußerst preissensiblen Medium. Es gibt sogar Anbieter wie MySimon.com und DealTime.com, die Preise mehrerer Sites vergleichen, indem sie so genannte Robots oder Bots ausschicken. Gnade Ihnen Gott, wenn Sie dann keinen wettbewerbsfähigen Preis haben!

Dieser Preisdruck führt dazu, dass eine der größten Herausforderungen beim Aufbau einer Internetmarke darin besteht, herauszufinden, wie Geld zu verdienen ist. Das ist für viele Marken eine entscheidende Frage.

Autos sind eine weitere Kategorie, in der das Internet die Kaufmuster voraussichtlich verändern wird. Carpoint.msn.com, Autobytel.com und andere Autosites beginnen sich als Marken zu etablieren. Der Grund dafür ist einfach: Es ist leicht, im Internet Preise zu vergleichen. Und man braucht sich nicht mit Verkäufern herumzuschlagen!

5. Sind die Versandkosten im Vergleich zum Kaufpreis ein wichtiger Faktor? Wenn ja, ist das Internet für Sie wahrscheinlich ein Medium. Es ist unwahrscheinlich, dass es Homegrocer.com, Webvan.com, Peapod.com und anderen Gemischtwarensites im Netz gelingen wird, erfolgreiche Firmen und Marken aufzubauen.

Früher stellte der Milchmann jeden Morgen die frische Milch zu. Wir sind uns sicher, dass das noch heute vielen Familien gefallen würde – aber ihr Wunsch wird nicht erfüllt. Warum? Nun, es rechnet sich nicht mehr.

Früher ging der Verkäufer im Lebensmittelgeschäft selbst zu den Regalen und packte die Produkte, die der Kunde wünschte, eigenhändig in die Einkaufstüte. Damit ist es ebenfalls vorbei. Selbstbedienung ist viel wirtschaftlicher.

Bewegen wir uns im Zeitalter des Internets also rückwärts? Ist die Selbstbedienung tot? Wir glauben das nicht. Und doch sagen viele Marketingexperten das genaue Gegenteil: »Das Lebensmittelgeschäft, wie wir es kennen, wird es bald nicht mehr geben«, erklärt der ehemalige Markenmanager von Procter & Gamble, Doug Hall.

Die Zukunftsforscherin Faith Popcorn geht noch weiter. Bis zum Jahr 2010, so prognostiziert sie, werden 90 Prozent aller Produkte den Konsumenten nach Hause zugestellt werden. »In Ihrer Garage wird ein Kühlschrank stehen, und in Ihrer Küche wird ein Balkencode installiert. Jede Woche werden Ihre Lieblingslebensmittel nachgefüllt, ohne dass Sie sie bestellen müssen. Die Wäsche wird abgeholt, Ihre Videos werden zurückgebracht – den Möglichkeiten sind keine Grenzen gesetzt.«

Das Internet ist die bedeutendste technologische Entwicklung des 20. Jahrhunderts. Trotzdem sollten wir auf dem Boden bleiben. Nur weil etwas möglich ist, heißt es noch lange nicht, dass es auch Wirklichkeit werden wird. Im Lebensmittelhandel gibt es drei wesentliche Hürden: 1. die hohen Selektionskosten, das heißt die Kosten für das Heraussuchen und das Verpacken der Produkte im Lager; 2. die hohen Zustellkosten und 3. die niedrigen Gewinnspannen. Die durchschnittliche Supermarktkette erzielt einen Nettogewinn von nur ein oder zwei Prozent.

Es ist schwer nachzuvollziehen, wie ein Internetunternehmen diese zusätzlichen Kosten schlucken und trotz der in dieser Geschäftssparte traditionell niedrigen Spannen Gewinne schreiben könnte. Ein Nischenmarkt könnte entstehen, sicher, aber keine Mainstreammarke.

Nachdem wir all das gesagt haben, wird uns niemand für überoptimistisch halten. Im vergangenen Jahr zog die Webvan-Gruppe, ein Internetsupermarkt, den bisher größten Brocken an Risikokapital an Land – unvorstellbare 275 Millionen US-Dollar. Außerdem gelang es Webvan, den ehemaligen Boss von Andersen Consulting in das Führungsteam zu holen. Irgendwann wird jemand Tomaten an den Kopf geworfen bekommen. Wir hoffen, dass es nicht wir sein werden.

Manche Berater sind der Meinung, dass man, um in Zukunft erfolgreich zu sein, eine Präsenz sowohl im Internet als auch im Einzelhandel aufbauen muss – die so genannte Click-and-Mortar-Strategie*. Wie, so wird argumentiert, solle man sonst im Netz erworbene Produkte zurückgeben können! Dieses Argument war einer der Gründe für die falsche Prognose, dass Barnesandnoble.com sicher bald mehr verkaufen würde als Amazon.com.

Glauben Sie solche Dinge nicht. Die Leute kaufen nicht mit der Überlegung im Hinterkopf, ob es leicht sein wird, das Erstandene zurückzugeben. Natürlich ist dieses Argument ein Faktor, aber nicht der wichtigste Grund für eine Kaufentscheidung. Reputation, Auswahl und Preis sind viel wichtiger. Man kann sich keinen Ruf als Geschäft mit einer großartigen Auswahl und niedrigen Preisen schaffen, wenn

---

* »Brick and Mortar« sind die Steine und der Mörtel, aus denen ein traditionelles Unternehmen gebaut wird. »Click and Mortar« symbolisiert die Kombination aus herkömmlichem und aus Internethandel (Click = Mausklick).

man schizophren agiert – das heißt, wenn man sowohl physische Geschäfte als auch Internetsites unterhält. Damit verwirrt man die Leute nur.

Wird Sears.com ein großer Erfolg werden? Wohl kaum.

Es gibt jedoch keinen einzelnen Faktor, der bestimmt, ob Sie Ihre Marke zu einem Internetgeschäft machen sollten oder ob das Netz für Sie einfach ein Medium von vielen sein sollte, in dem Sie für Ihre Marke werben. Gehen Sie die Faktoren sorgfältig durch, bevor Sie eine Entscheidung treffen.

Aber entscheiden sollten Sie, bevor Ihrer Marke von einer anderen zur Schnecke gemacht wird.

2
Das Gebot der Interaktivität

*Ohne Interaktivität sind Ihre Website und Ihre Marke
zur Erfolglosigkeit verurteilt*

Seit das Fernsehen in den frühen 50er Jahren zu seinem Siegeszug ansetzte, erlebte die Welt keine vergleichbare technologische Revolution mehr – bis das Internet kam. Eine Zeitlang verdoppelte sich die Zahl der Internet-User praktisch jeden Monat.

Fernsehen und Internet haben etwas gemeinsam. Beide sind Kommunikationsmedien. Und es gibt nichts, was mehr Einfluss auf das Leben der Menschen hat als die Einführung eines neuen Massenkommunikationsmittels.

In der Geschichte der Menschheit wurden bisher fünf solche bahnbrechenden neuen Kommunikationsmittel eingeführt:

1. das Buch,
2. Zeitungen oder Zeitschriften mit Magazinen,
3. das Radio,
4. das Fernsehen,
5. das Internet.

(Das Telefon ist zwar ein Kommunikationsmittel und hat langfristige Auswirkungen auf das Leben der Menschen, weist aber nicht die Merkmale eines Massenkommunikationsmittels auf.)

Das Leben wird immer komplizierter. Neue Medien ersetzen nicht die alten. Das Radio verdrängte weder Zeitungen noch Bücher, und das Fernsehen machte dem Radio nicht den Garaus. Das neue Medium kommt einfach zu den bisherigen hinzu, aber es verändert ihre Rolle für immer.

- Das erste Massenkommunikationsmittel war natürlich die menschliche Stimme, die aber keine effektive Möglichkeit zum Versenden von Botschaften bot. Alle neuen Medien, die danach kamen, wurden von sich aus stark, weil sie über einzigartige und hoch geschätzte Attribute verfügten.
- Das Buch **multiplizierte** die Zahl der Leute, die von einem Einzelnen erreicht werden konnten. Nun konnten Ideen und Konzepte nicht nur an Millionen Menschen weitergegeben werden, sondern sie flossen nun plötzlich auch mühelos von einer Generation zur nächsten.
- Zeitungen und Zeitschriften erleichterten die Verbreitung von **Nachrichten**. Nun konnten viele Menschen über die neuesten Ereignisse in ihrer Stadt oder ihrem Land informiert und schließlich die Nachrichten in die ganze Welt getragen werden. Die Neuerung bestand im Grund darin, dass Zeitungen und Zeitschriften den in der Buchproduktion verwendeten Druckprozess aufgriffen und ihn stark beschleunigten. Während die Herstellung eines Buches Monate in Anspruch nahm (und es bedauerlicherweise immer noch tut), konnte eine Zeitung über Nacht gedruckt werden.
- Das Radio fügte das Attribut der **menschlichen Stimme** hinzu. Nachrichten und Unterhaltung konnten nun mit Gefühl und Persönlichkeit angereichert werden. Endlose Reihen berühmter Zeitgenossen nutzten die emotionale Kraft des Radios, um effektiv zu kommunizieren: etwa Winston Churchill und Franklin D. Roosevelt, um nur zwei zu nennen.
- Das Fernsehen brachte das Element der **Bewegung** ins Spiel. Radio mit beweglichen Bildern, wenn man so will. Filme waren die natürlichen Vorläufer des Fernsehens und zeichnen immer noch für einen Großteil des Fernsehprogramms verantwortlich. Filme sind und bleiben ein kraftvolles emotionales Medium, sind aber kein Massenkom-

munikationsmedium. Wenn ein neuer Film herauskommt, müssen Sie ins Kino gehen, um ihn zu sehen.

• Und das Internet? Um welche Gabe bereichert das Internet den Kommunikationstisch?

Die Tatsache, dass das Internet seinen Platz neben den anderen bahnbrechenden Medien einnehmen wird, hat ihren Grund darin, dass es ein vollkommen neues Attribut beinhaltet.

Wir glauben, dass die Geschichte dem Internet den ersten Platz unter allen Medien zuweisen wird. Warum? Ganz einfach: Das Internet ist das einzige Massenkommunikationsmittel, das **Interaktivität** ermöglicht. (Die führende Fachzeitschrift heißt bezeichnenderweise *Inter@ctive Week*.)

Leben und Sterben einer Internetmarke spielen sich im Zeitalter der Interaktivität ab. Auf lange Sicht bestimmt die Interaktivität, was im Internet funktioniert und was nicht. Das Geheimnis des Internet-Branding besteht in der Fähigkeit, Ihre Marke so zu präsentieren, dass Ihre (potenziellen) Kunden mit Ihrer Botschaft *interagieren* können. Daher müssen Sie sich von vielen traditionellen Methoden des Markenaufbaus verabschieden.

Nehmen Sie zum Beispiel die Werbung. Wird traditionelle Werbung im Internet wirkungsvoll sein? Natürlich nicht.

Sehen wir uns die Fakten an: Die meisten Menschen mögen keine Werbung. Warum lieben sie die Fernbedienung ihres Fernsehgeräts so sehr? Ganz einfach: Sie können damit sofort umschalten, wenn Werbung kommt.

Das Internet gibt Ihren Kunden die vollkommene Kontrolle über das, was sie sehen, hören und lesen. Glauben Sie wirklich, sie werden Ihre Werbung nicht sofort wegklicken, wenn sie sie sehen?

Aber nicht nur die Werbung hat im Internet schlechte Karten. Dasselbe gilt für viele der traditionellen Kommunikationsformen. Nehmen wir nur Zeitungen und Magazine. Warum sollte man ein erfolgreiches Magazin oder eine Zeitung im Internet veröffentlichen? Wo bleibt die Interaktivität?

Die einzige Art von »Interaktivität«, die eine Zeitung oder ein Magazin im Netz bietet, ist in Wahrheit die Möglichkeit, die Artikel in jeder beliebigen Reihenfolge zu lesen. Doch das können Sie bei der Papierversion genauso. (Viele Zeitungsleser fangen mit dem Sportteil an. Und die *Playboy*-»Leser« beginnen am liebsten beim Faltposter in der Mitte ...)

Gedruckte Magazine oder Zeitungen ins Radio oder ins Fernsehen zu verlagern hat ebenfalls nie funktioniert. Es wurde Dutzende Male versucht, und diese Versuche scheiterten ausnahmslos. Warum? Nun, das Wesentliche am Radio ist die menschliche Stimme, und das Wesentliche am Fernsehen ist die Bewegung. Was gedruckt ist, verharrt in Erstarrung. Es sagt nichts, und es bewegt sich nicht.

Slate ist nicht das einzige Internetmagazin, dessen Spuren langsam im Sand zu verlaufen beginnen. Das Magazin *Salon* wurde vier Jahre lang im Web publiziert, ohne viel zu bewegen. In seinem letzten Geschäftsjahr setzte *Salon* mickrige 3,5 Millionen US-Dollar um, das meiste davon mit Werbung.

TheStreet.com ist eine Zeitung, die versucht, sich im Internet durchzusetzen. Trotz einer großen Publicity-Welle, die vom Mitbegründer der Zeitung, James Cramer, ins Rollen gebracht wurde, produziert die Site bis heute nicht viel anderes als rote Zahlen. *TheStreet.com* wird im Jahr 2000 bei einem Umsatz von nur 30 Millionen US-Dollar wahrscheinlich 36 Millionen in den Kamin geschrieben haben.

Die Werbung trocknet das Internet aus, und immer mehr Unternehmen erkennen, dass Werbung in einem interaktiven Medium vergebliche Liebesmüh ist. Wo geben die Websites den Großteil ihres Werbebudgets aus? Überraschenderweise nicht im Netz selbst, sondern in den traditionellen Medien: Fernsehen, Zeitung und Radio.

So ziemlich die einzige erfolgreiche Publikation im Web ist die interaktive Ausgabe des *Wall Street Journal* mit derzeit über 300 000 zahlenden Lesern. Angesichts des boomenden Aktienmarkts macht eine hochwertige Publikation, die sich an wohl betuchte Leser wendet, auch durchaus Sinn.

Einer der Gründe für den relativen Erfolg der Online-Zeitung ist natürlich der Preis. Die interaktive Ausgabe des *Journal* ist ein Schnäppchen. Während für das reguläre Abonnement der stolze Preis von 175 US-Dollar jährlich zu berappen ist, ist die interaktive Ausgabe mit nur 59 US-Dollar pro Jahr (sie wird oft auch für nur 39 US-Dollar angeboten) durchaus wohlfeil.

Wir fragen uns, ob Dow Jones gut daran getan hätte, eine Internetpublikation unter einem anderen Namen und mit mehr Interaktivität herauszubringen (siehe unumstößliches Gebot Nr. 9).

Was in dem einen Medium funktioniert, muss in einem anderen nicht unbedingt erfolgreich sein. Die Wahrscheinlichkeit ist sogar hoch, dass Erfolg in dem einen Medium Misserfolg in einem anderen bedeutet.

- Welche Zeitung wurde auch zu einer erfolgreichen Magazinmarke? Keine, die wir kennen. (Das *Wall Street Journal* versuchte, das *Wall Street Journal Magazine* einzuführen, das sich nie durchsetzte.) Die einzigen erfolgreichen Zeitungs-»Magazine« sind jene, die gratis mitgeliefert werden. Nicht gerade unsere Vorstellung von einer erfolgreichen Marke.
- Welches Magazin wurde auch zu einer erfolgreichen Radiomarke? Keines, das wir kennen.
- Welche Radiomarke wurde auch zu einer erfolgreichen Fernsehmarke? Keine, die wir kennen.
- Welche erfolgreiche Fernsehmarke wurde auch zu einer erfolgreichen Kabelfernsehmarke? Keine, die wir kennen.

Die großen Kabelfernsehmarken – CNN, MTV oder Nickelodeon – waren keine direkten Abkömmlinge von Rundfunkmarken, sondern wurden speziell für das Kabelfernsehen geschaffen.

Zu viele Unternehmen bleiben der Vergangenheit verhaftet. Sie halten nach Möglichkeiten Ausschau, in den Medien von morgen die Namen von gestern zu verwenden. News

Corp., Eigentümerin des Magazins *TV Guide*, zum Beispiel verwendet den Namen TV Guide für einen Kabelkanal und – mit dem Zusatz Online – gleichzeitig für eine Internet-marke. Beide Strategien werden nicht funktionieren.

Wenn Sie im Internet erfolgreich sein wollen, müssen Sie eine Marke speziell für das neue Medium schaffen. Anders ausgedrückt: Sie müssen Interaktivität in Ihre Site einbau-en, und Sie brauchen aller Wahrscheinlichkeit nach einen neuen Namen.

Es muss wiederholt werden: Der Unterschied zwischen Internet und allen anderen Medien ist die Interaktivität. Wenn Ihrer Site dieses entscheidende Element fehlt, wird sie im Cyberspace unweigerlich untergehen.

Der Wettbewerb ist intensiv. In den Vereinigten Staaten gibt es bereits mehr Dotcom-Websites als eingetragene Warenzeichen.

Interaktivität bedeutet nicht nur, aus einem Menü wählen zu können. (Das können Sie auch bei einem Buch oder einem Magazin, indem Sie den Inhalt durchgehen. Auch das Tele-fon bietet diese Möglichkeit durch das Drücken von Tasten. Im Restaurant wählen Sie, indem Sie nach der Weinkarte fragen.)

Interaktivität ist das Angebot, Ihre Instruktionen einzu-tippen und sich von der Site diejenigen Informationen lie-fern zu lassen, die Sie wollen, und zwar in der von Ihnen gewünschten Form. Sehen Sie einmal bei Amazon.com nach. Geben Sie ein Thema an, und die Site präsentiert Ihnen eine Liste von Büchern, die der von Ihnen angegebenen Katego-rie entsprechen. Dasselbe können Sie mit Autoren oder mit einem Titel tun. (Fragen Sie bei Ihrem nächsten Restau-rantbesuch den Sommelier statt nach der Weinkarte mal nach einer Liste aller französischen Rotweine, die weniger als 40 US-Dollar pro Flasche kosten. Speise- und Getränke-karten in Restaurants sind eben nicht interaktiv, und die wenigsten Sommeliers haben Humor!)

Interaktivität heißt auch, dass die Site imstande ist, auf-grund einer ursprünglichen Frage zusätzliche Informationen zu liefern. Wählen Sie bei Amazon.com ein Buch, und die Site gibt Ihnen die Namen von mindestens drei anderen Büchern an, die Käufer des von Ihnen bestellten Buches ebenfalls geordert haben.

Interaktivität bedeutet die Möglichkeit, selbst Informationen zu einer Site hinzufügen zu können. Die besten Websites sind keine Einbahnstraßen. Bei Amazon.com können Sie Bücher rezensieren, indem Sie ihnen bis zu fünf Sterne verleihen, und Sie können sogar eine kurze schriftliche Rezension verfassen, die innerhalb von Stunden unter dem von Ihnen rezensierten Buch erscheint.

Interaktivität zeigt sich in der Fähigkeit, komplexe Preissituationen fast unmittelbar darzustellen. Nehmen Sie zum Beispiel Flugtickets. Die Site einer Airline kann Ihnen für eine Fülle von Tarifen, Flügen, Daten und Konditionen sofort den Preis angeben, den Sie entweder akzeptieren oder ablehnen können. Sie kann sogar einen Flugplan empfehlen, der den niedrigsten Tarif anbietet. (Die Cisco-Site ist ein weiteres Beispiel für eine gute Nutzung dieser Sofort-Preisangabetechnologie.)

Der Interaktivitätsgrad zeigt sich in der Möglichkeit, eine breite Palette von Tests durchzuführen: Intelligenztests, Fahrtests, Berufseignungstests, psychologische Tests. Manche dieser Sites tragen das Potenzial in sich, zu großen Marken und zum großen Geschäft zu werden.

Interaktivität kann auch die Fähigkeit einer Site bedeuten, Auktionen aller Arten durchzuführen. Priceline.com und eBay sind zwei große Marken, die diese Möglichkeit bereits nutzen. (Derzeit ist eBay auf dem Aktienmarkt 18 Milliarden, Priceline 7,9 Milliarden US-Dollar wert.)

Interaktivität bedeutet, eine Situation zu diagnostizieren und Lösungsmöglichkeiten vorzuschlagen. Wir haben gemeinsam mit einem berühmten Menschen eine persönliche Website entwickelt. Die erste Seite sollte eine Liste der verschiedenen Probleme enthalten, mit denen jemand konfrontiert sein kann.

»Machen Sie es anders«, schlugen wir vor. »Gestalten Sie

die Site interaktiv. Stellen Sie den Leuten eine Reihe von Fragen, und dann lassen Sie ihnen vom Computer sagen, worin ihr Problem liegen könnte.«

Interaktivität ist eine aussagestarke Metapher für das Verhältnis zwischen Arzt und Patient oder Student und Lehrer.

Sie besuchen einen Arzt und beschreiben Ihre Symptome. Der Arzt diagnostiziert Ihr Problem und verschreibt Ihnen Medikamente. Das ist die Art von Interaktivität, die im Internet möglich ist.

Wird das Internet in den Bereichen Medizin und Bildung erfolgreiche Marken hervorbringen? Na klar! Das sind die Disziplinen, die mit Interaktivität stehen und fallen.

Harcourt General führte die Harcourt University ein, eine Internet-Highschool für Schüler, die externe Prüfungen ablegen wollen. Seien Sie sicher, dass uns Hunderte von Harcourts ins Haus stehen!

Vergleichen Sie Bildungskurse per Post mit Bildungskursen im Internet. Das Höchste, was konventionelle Kurse derzeit anzubieten haben, sind eine oder zwei wöchentliche Einheiten Interaktivität. Das Internet ermöglicht ein Vielfaches davon.

3
Das Gebot des generischen Namens

*Ein generischer Name versetzt jeder Internetmarke
den Todesstoß*

Die wichtigste Marketingentscheidung, die Sie treffen können, ist die Namengebung für Ihr Produkt.

Das schrieben wir schon in unserem Buch »Positioning:
The Battle for Your Mind«, das 1980 erschien. Wie verändert das Internet die Rolle des Markennamens?

Im Zeitalter der Positionierung war der Name wichtig. Im
Zeitalter des Internets ist er entscheidend.

Das hat einen Grund. Als es noch kein Internet gab, hatte eine Marke immer eine visuelle Komponente. Obwohl der
Name das Wichtigste war, beeinflussten auch diese visuellen Komponenten das Kaufverhalten der Kunden. Die Form
der Coca-Cola-Flasche, die Farben einer Kodak-Film-
schachtel, die Schrift des Intel-Logos, die Gestaltung und der
Standort eines McDonald's-Restaurants.

Das Internet macht Schluss mit diesen Bildelementen.
Wenn Sie zu einer Website wollen, müssen Sie ein Wort ein-
tippen. Keine Bilder, keine Farben, keine Schrift, kein Look,
kein Ort.

Wenn der Name so wichtig ist, warum sind dann die
meisten Markennamen im Web so schlecht? Noch milde ausgedrückt. Die meisten Internetmarkennamen sind nicht
schlecht, sondern eine Katastrophe.

Viele Websites haben so fantasievolle Namen wie Adver-
tising.com, Buy.com, Communities.com, Cooking.com,
Cruise.com, Desktop.com, Flower.com, Garden.com,

Gear.com, Gifts.com, Hardware.com, Hifi.com, Home Page.com, Images.com, Individual.com, Ingredients.com, Law.com, Mail.com, Office.com, Phone.com, Postcard.com, Sales.com, Songs.com, Sports.com, Tickets.com, Vote.com, Weather.com, Wine.com oder Women.com.

Das sind durchaus keine kleinen, unwichtigen Unternehmen. Die Sites werden von großen Unternehmen und Risikokapitalgebern finanziert. Desktop.com absolvierte zum Beispiel soeben seine erste Finanzierungsrunde mit einem Volumen von 29 Millionen US-Dollar. Phone.com verfügte im Sommer 2000 über eine Marktkapitalisierung von 6,8 Milliarden US-Dollar. Buy.com plant für dieses Jahr Werbeausgaben von 50 Millionen US-Dollar.

Was stimmt nicht mit diesen Markennamen? Es sind allesamt Gattungs- oder generische Namen.

Ein Gattungsname ist ein Wort, das jedes Mitglied oder jeden Teil einer Klasse von Wesen oder Dingen beschreibt. *Auto* ist ein Gattungsname.

Ein Eigenname ist hingegen ein Wort, das ein bestimmtes Lebewesen oder Ding beschreibt. *Mercedes-Benz* ist ein solcher Eigenname.

Markennamen sind traditionell Eigennamen. Eigentlich sind diese Eigennamen ja Eigenadjektiva (Mercedes-Benz-Autos), aber so werden sie nicht verwendet. Schließlich sagen Sie: »Ich fahre einen Mercedes«, und nicht: »Ich fahre ein Mercedes-Auto.«

Die bekanntesten, wertvollsten Markennamen der Welt sind allesamt Eigennamen und keine generischen Namen. Laut Interbrand, einer Markenberatungsgruppe, gibt es weltweit 60 Marken, die jeweils mehr als eine Milliarde US-Dollar wert sind. Und keiner dieser Namen ist ein Gattungsname.

Allseits bekannte Namen auf dieser Top-Sixty-Liste sind Coca-Cola, Microsoft, Ford, Disney, Intel, McDonald's, Marlboro, Nokia, Nescafé, Hewlett-Packard, Gillette, Kodak und Sony. (Gemeinsam haben diese 60 Marken laut Interbrand den unvorstellbaren Wert von 729,4 Milliarden US-Dollar.)

Werden wir in ein paar Jahren Cola.com, Software.com, Cars.com, Kids.com, Chips.com, Hamburgers.com, Cigarettes.com, Cellphones.com, Coffee.com, Computers.com, Razors.com, Photos.com oder Electronics.com unter den weltweit wertvollsten Namen finden? Wir glauben nicht.

»Aber das Internet ist anders!«, schreien die 30-jährigen CEOs von Internet-Startups. Man braucht keine Anzüge und Krawatten zu tragen, ja nicht einmal Schuhe, man braucht kein Geld zu verdienen, man bekommt Aktienoptionen im Wert von mehreren Millionen US-Dollar, und man kann generische Namen für seine Websites verwenden.

Aber ist es wirklich so? Ist das Internet wirklich anders, wenn es um Markennamen geht? Soweit es bis jetzt absehbar ist, scheint das nicht der Fall zu sein.

- Der führende Internet-Serviceprovider heißt nicht ISP.com. Er heißt AOL.
- Die führende Suchmaschine ist nicht Searchengine.com, sondern Yahoo!
- Der führende Bucheinzelhändler im Internet ist nicht Books.com, sondern Amazon.com.
- Die führende Jobvermittlung im World Wide Web heißt nicht Jobs.com, sondern Monster.com.
- Die führende Auktionssite ist nicht etwa Auction.com, sondern eBay.
- Die führende Flugticketversteigerung im Netz heißt natürlich nicht Airlineticketbid.com, sondern Priceline.com.
- Die führende Reisesite heißt nicht Travel.com, sondern Expedia.com.
- Die führende elektronische Grußkarte ist nicht Greeting-Card.com, sondern Bluemountain.com.

Übrigens finden sich auf der Liste der 60 wertvollsten Marken zwei Internetnamen: AOL mit einem Wert von 4,3 Milliarden US-Dollar und Yahoo! mit 1,8 Milliarden. Vielleicht fällt Ihnen auf, dass sowohl AOL als auch Yahoo! Eigennamen und keine generischen Namen sind.

Warum verwenden die meisten Internetführungskräfte für ihre Websites weiterhin generische Namen statt Eigennamen, wo doch fast alles dagegen spricht? Dafür gibt es drei Gründe:

1. Als das Internet noch neu war, gab es nur wenige Sites, die funktionierten. Damals kannten nur wenige Leute die Namen von Websites, und so war ein generischer Name von Vorteil. Wenn man nach einer Site Ausschau hielt, die Schuhe verkaufte, gab man einfach »Schuhe.com« ein. Es war wie im altmodischen Lebensmittelgeschäft. Man wollte Cracker, und man verlangte welche. Man wollte Butterkekse, und man verlangte sie. Heute aber gibt es in einem Supermarkt eine Vielzahl von Keks- und Crackermarken. Man verlangt keine Cracker, sondern Ritz-Cracker. Man verlangt keine Butterkekse, sondern DeBeukelaer-Butterkekse.

2. Als das Internet noch neu war, gingen viele Firmen mit generischen Namen in das neue Medium. Schließlich und endlich war ein generischer Name die schnellste und direkteste Art, auf den Inhalt der Site hinzuweisen. Der generische Name erleichterte den Usern auch das Navigieren im Netz.
Die Vorteile eines generischen Namens hielten etwa zwei Wochen lang an, als Tausende und später Hunderttausende neue Internetsites eingerichtet wurden. Heute, wo es über fünf Millionen Dotcoms gibt, sind die Vorteile eines generischen Namens für eine Internetsite gleich null.

3. Nun, wo das Netz schon einige Jahre existiert, haben die Internetfirmen Probleme, sich von dieser Einstellung der frühen Jahre zu lösen. Sie meinen immer noch, ein generischer Name sei das Beste. In gewisser Weise ist das eine Situation, die sich selbst perpetuiert. Da jeder seiner Site einen generischen Namen gibt, meinen alle Newcomer, das müsse so sein. Und deshalb verhalten sie sich entsprechend.
Die Fernsehsendung »Versteckte Kamera« beweist, dass

die Menschen dazu neigen, das zu tun, was andere auch tun, egal ob es Sinn macht oder nicht. Eine Episode spielt sich in einem Lift ab: Die erste Person betritt den Fahrstuhl und dreht sich Richtung Tür. Die nächsten drei Leute, alle »Agenten« von »Versteckte Kamera«, schauen nach Betreten der Liftkabine zur Rückwand. Bald fühlt sich die erste so unbehaglich, dass sie sich umdreht und ebenfalls zur Rückwand blickt.

Sehen Sie den Fakten ins Auge. Die Tatsache, dass die meisten Sites generische Namen verwenden, heißt noch lange nicht, dass ein generischer Name die beste Strategie für Ihre Site ist. Es bedeutet nur, dass die meisten Internetbetreiber unter einem gewissen Konformitätsdruck stehen.

Das Internet ist noch so jung, dass wir das große Sterben, das mit Sicherheit kommen wird, noch vor uns haben. Einige Beispiele für den Gattungsnamenwahn sind:

- Bei Autos gibt es AutoConnect.com, Autosite.com, AutoTrader.com, Autoweb.com, Cars.com, CarsDirect.com und CarOrder.com.
- Im Bankwesen erfreuen uns Ebank.com, Telebank.com und Netbank.com.
- In der Diamantenbranche sorgen Namen wie eDiamonds.com, InternetDiamonds.com und WorldDiamonds.com für Belebung.
- Auf dem Arbeitsmarkt machen ComputerJobs.com, Gotajob.com, Headhunter.com und Jobs.com auf sich aufmerksam.
- Im Faxbereich haben wir mit eFax.com, Fax.com und Jfax.com das Vergnügen.
- Im Finanzbereich finden sich so fantasievolle Namen wie 401k.com, eCoverage.com, eCredit.com, Loansdirect.com, eHealthinsurance.com, eLoan.com, Loanwise.com, Mortgage.com und Studentloan.com.
- Bei den Möbeln tun sich BeHome.com, Decoratewith-

style.com, Ezshop.com, Furniture.com, FurnitureFind.com, Furnitureonline.com, Housenet.com und Living.com durch Originalität hervor.

- Im Lebensmittelhandel beleben Food.com, NetGrocer.com und HomeGrocer.com den Cyberspace.
- Der Gesundheits- und Nahrungsmittelbereich lockt uns mit eDiets.com, eNutrition.com, HealthQuick.com und onHealth.com.
- Bei den Haustieren wirbt man mit Petco.com, Pets.com und Petstore.com.
- Bei den Postgebühren überraschen uns E-Stamp.com, Stamps.com und Simplepostage.com.
- Bei verschreibungspflichtigen Medikamenten bieten uns Drugstore.com, YourPharmacy.com und Rx.com ihre Dienste an.
- Der Immobilienbereich wartet mit Cyberhomes.com, eProperty.com, Goodhome.com, Homeadvisor.com, Homebid.com, Homegain.com, Homes.com, Homeseekers.com, Homestore.com, Myhome.com, Ourhouse.com, Owners.com, RealEstate.com und Realtor.com auf.
- Beim Shopping finden wir IStopShop.com, Buy.com, BuyItNow.com, Netmarket.com, NowOnSpecial.com, ShopNow.com und Shopping.com.
- Der Reisesektor versucht uns mit Cheaptickets.com, Lowestfare.com, TravelHoliday.com und Trip.com zu ködern.

Das sind keine generischen Namen, die wir nach dem Zufallsprinzip aus Millionen Dotcoms im Internet herausgepickt hätten, sondern ernsthafte Sites, hinter denen ernsthafte Risikokapitalgeber stehen und die von Werbung im Wert von Millionen US-Dollar unterstützt werden. Hier ist das Werbebudget einiger Sites für das Jahr 2000 (in US-Dollar):

- Art.com: 18 Millionen
- AutoConnect.com: 15 Millionen
- CarsDirect: 30 Millionen

- Drugstore.com: 30 Millionen
- Homestore.com: 20 Millionen
- Living.com: 20 Millionen
- Petc.com: 20 Millionen
- Petstore.com: 10 Millionen
- RealEstate.com: 13 Millionen
- Rx.com: 13 Millionen

Diese Gattungsnamen.coms sind nur ein kleines Beispiel für die Tausende Internetfirmen, die versuchen, sich den Weg in das Bewusstsein potenzieller Kunden zu erkaufen. Die meisten von ihnen werfen das Geld zum Fenster hinaus. Nicht einmal ein kleiner Prozentsatz dieser Sites wird es schaffen, so viel steht fest.

(Es ist typisch, dass sich eine der gefragtesten Werbeagenturen im Internet Agency.com nennt.)

Werden einige dieser generischen Namen erfolgreich sein? Aber sicher doch. Im Lande der Blinden ist der Einäugige König. Niemand wird aufhören, Bier zu trinken, nur weil alle Biermarken generische Namen verwenden. Niemand wird aufhören, im Web zu kaufen, nur weil alle Internetmarken generisch sind.

In Ermangelung von Konkurrenz werden die Leute auf Sites mit generischen Namen kaufen. Aber sobald es Sites mit starken »eigenen« Markennamen gibt, werden die anderen eintrocknen und weggefegt werden.

Sie müssen sich im Bewusstsein Ihrer potenziellen Kunden festsetzen. Und das Bewusstsein betrachtet Gattungsnamen als repräsentativ für *alle* Sites der Kategorie. Nicht nur für Ihre Site.

In der Vorstellung der Leute sind alle Auto-sites »Auto-Dotcoms«. Wie könnte sich Auto.com je eine eigene Identität abseits aller anderen Auto-Dotcoms schaffen?

Im Bewusstsein der Konsumenten sind alle Möbel-sites »Möbel-Dotcoms«. Wie könnte sich Möbel.com je eine eigene Identität abseits aller anderen Möbel-sites schaffen?

Was ist eToys? Ein E-Toy ist ein über das Internet gekauftes Spielzeug. eToys ist der Name einer Firma, die E-Toys über das Internet verkauft.

Der Name eToys ist ein schwacher Markenname – und doch denkt der Aktienmarkt anders darüber. Am ersten Börsentag von eToys vervierfachte sich der Kurs nahezu und ließ den Wert des Unternehmens auf 7,7 Milliarden US-Dollar schnellen, womit es seinen Einzelhandelsrivalen, Toys »R« US Inc., übertrumpfte. (Im letzten Geschäftsjahr verlor eToys bei einem Umsatz von 34,7 Millionen US-Dollar 73 Millionen US-Dollar.)

Eines der Probleme mit einem generischen Namen wie eToys besteht darin, dass die Konkurrenz einfach auf den Markt stürmen und ähnliche Namen verwenden kann.

- eToy.com
- iToy.com
- iToys.com
- Toy.com
- Toys.com
- Toystore.com
- iToystore.com
- eToystore.com

Natürlich wird eToys versuchen, diese und ähnliche Namen zu reservieren (und hat das auch schon getan). Aber wo aufhören? Was kostet das Ganze? Und gestattet es das Rechtssystem einem einzigen Unternehmen, alle Sites mit »toy« im Namen zu besitzen?

Was ist ein E*Trade? Ein E-Trade ist ein Aktienkauf oder -verkauf über das Internet. E*Trade ist ein Unternehmen, das E-Trades über das Internet abwickelt.

Ein generischer Name wie E*Trade ist schwach. Das Gehirn denkt verbal, nicht visuell. E-Trade ist der Name der Kategorie, nicht des Unternehmens. Dazu kommt, dass im tatsächlichen Namen der Site kein Sternchen verwendet werden kann. Um zu E*Trade zu gelangen, muss man www.e-trade.com eingeben.

Obwohl E*Trade den enormen Vorteil hatte, der Erste im Internet gewesen zu sein, fiel das Unternehmen im Online-Kundenhandelsvolumen auf den zweiten Platz zurück. (Charles Schwab führt).

Die massive Werbung in den Massenmedien sorgt einstweilen noch dafür, dass E*Trade im Spiel bleibt. Aber wie lange die Firma die Werbeoffensive in Anbetracht der enormen Betriebskosten noch aufrechterhalten kann, bleibt abzuwarten. (E*Trade verlor im letzten Geschäftsjahr bei einem Umsatz von 662 Millionen US-Dollar 54 Millionen, aber trotzdem verfügt das Unternehmen noch über eine Marktkapitalisierung von 6,8 Milliarden US-Dollar.)

Wie können wir so sicher sein, dass bei Markennamen im Internet die Eigennamen den Sieg über die generischen Namen davontragen werden? Der einzige Beweis, den wir Ihnen anbieten können, sind 100 Jahre Geschichte. Wie viele generische Namen wurden im letzten Jahrhundert zu erfolgreichen Marken?

Sehr, sehr wenige.

Auch außerhalb des Internets gibt es nur sehr wenige Gattungsnamen, die für erfolgreiche Marken stehen. Sie werden über kurz oder lang von Eigennamen, also »richtigen« Namen, aus dem Spiel geworfen.

- Bei Autos haben wir Ford, Chevrolet, Chrysler, Volvo und Mercedes-Benz.
- Im Bankwesen Citibank, Chase Manhattan und Stadtsparkasse.
- Bei den Drogeriemärkten sind es CVS, Eckerd, Müller und Osco.
- Im Möbelbereich Ikea, Segmüller, Levitz, Roche-Bobois und Maurice Villency.
- Bei den Supermärkten Kroger, Safeway, Tengelmann und Pathmark.
- Bei den Warenhäusern Macy's, C&A und Neiman-Marcus.
- Bei den Discountläden Wal-Mart, Kmart und Aldi.

Nun denken Sie vielleicht: Das Internet ist anders. Es muss doch einen Grund für die Dominanz der Gattungsnamen geben.

Es stimmt zwar, dass das Internet anders ist, aber die Köpfe der Kunden bleiben dieselben. Um erfolgreich zu sein, müssen Sie Ihre Marke in den Köpfen Ihrer Kunden positionieren.

Was die Manager oft vergessen, ist die Tatsache, dass das Bewusstsein einen generischen Namen als stellvertretend für eine Kategorie von Dingen sieht und nicht als ein bestimmtes Ding oder eine bestimmte Marke.

Kein Autohersteller würde seine Niederlassung »Autos« nennen. Und warum nicht? Stellen Sie sich den folgenden Dialog vor:

»Wo haben Sie Ihren neuen Wagen gekauft?«

»Bei Auto.«

»Aha. Was sagen Sie? Ich meine, bei welchem Händler haben Sie ihn gekauft?«

Da es buchstäblich Tausende Websites gibt, die generische Namen haben, können Sie diese Art Dialog ständig erwarten.

»Welchen Discountbroker verwendest du im Internet?«

»Meindiscountbroker.«

»Hab' ich dich doch gerade gefragt.«

Das ist nicht zum Lachen, sondern zeigt, wie unser Bewusstsein funktioniert. Wörter werden in Kategorien eingeordnet. Ein Gattungsname wird in eine andere Schublade gesteckt als ein Eigenname.

Die beiden Komiker Abbott und Costello gründen ihren klassischen Baseball-Sketch auf der Verwirrung, die auftreten kann, wenn eine Wortklasse durch eine andere ersetzt wird.

»Lass mal sehen, wen haben wir an den Bases? Wer ist an der ersten. Was an der zweiten. Ich weiß nicht wer an der dritten.«

»Genau das will ich wissen. Wer ist an der ersten?«

»Ja.«

»Ich meine, wie heißt der Typ?«

»Wer.«

»Der erste Baseman?«

»Wer.«

»Der Typ, der an der ersten ist?«

»Wer ist an der ersten.«

»Ich frage *dich*, wer an der ersten ist.«

»So heißt der Mann.«

»Wer?«

»Ja.«

Viele Unternehmen verwendeten in den letzten 100 Jahren Gattungsnamen ihrer Branche als Markennamen. Sie brauchen nur im Branchenverzeichnis nachzuschlagen, dann werden Sie es sehen. Es gibt eine Fülle von Markennamen, bei denen versucht wurde, mit einem allgemein klingenden Namen eine Kategorie zu »besetzen«. Einige Beispiele:

- Toast'em – Halbfertigbackwaren
- Soft & Dri – Deodorant
- Soft 'N Gentle – Toilettenpapier
- Soft Shave – Rasierschaum
- Nice 'N Soft – Gesichtstücher
- NA – alkoholfreies Bier
- Baby's Choice – Wegwerfwindeln
- Kid Care – Pflaster

Sagen Sie, wie es ist: Kommt Ihnen einer dieser Markennamen bekannt vor? Wahrscheinlich nicht. Markennamen, die generische Namen verwenden, merkt man sich schwer.

Eines der besten Beispiele für die Schwierigkeit, eine Marke mit einem Gattungsnamen aufzubauen, ist Lite, das erste alkoholarme Bier in den Vereinigten Staaten. Als Miller Brewing Lite-Bier einführte, fehlte auf der Dose das Wort »Miller«. Und kein Konkurrent konnte das Wort »Lite« für eine Biermarke verwenden, weil Miller das Warenzeichen besaß.

Miller führte Lite mit einem massiven Werbeprogramm ein, und das Leichtbiersegment setzte zu einem Höhenflug an. Wie zu erwarten, sprangen viele Konkurrenten mit eigenen generischen Namensversionen auf den Zug auf: Schlitz Light, Coors Light, Bud Light.

Obwohl Miller als Erster mit Lite-Bier auf dem Markt gewesen war und obwohl Lite in den Genuss enormer Werbemittel und Publicity kam, sah sich das Unternehmen nach einiger Zeit gezwungen, das Handtuch zu werfen und das Produkt umzubenennen – in Miller Lite.

Man sieht, wo das Problem liegt. Der Biertrinker geht in eine Kneipe und sagt: »Geben Sie mir ein Lite.« Und der Wirt antwortet: »Gern. Welches Light-Bier möchten Sie denn?«

Viele Kategorien werden von generischen Markennamen dominiert. (Angewandter Gruppendruck.) Interessant ist, dass in diesen Kategorien normalerweise keine Marke dominiert. Frühstückszerealien sind ein gutes Beispiel – Marken wie Corn Flakes, Bran Flakes und Frosted Flakes.

Nehmen Sie die »Bran«*-Kategorie: Es gibt Dutzende von »Bran«-Marken, die versuchen, die Kategorie zu beherrschen. Einige Beispiele:

- Kellogg's All-Bran
- Kellogg's Bran Flakes
- Kellogg's 40+ Bran Flakes
- Kellogg's Raisin Bran
- Babisco 100 % Bran
- Post Bran Flakes
- Post Raisin Bran
- Total Raisin Bran

Aufgrund der Tatsache, dass die Gattungsnamen so stark dominieren, gibt es in der Kategorie der Zerealien keinen klaren Markenführer. Die meistverkaufte Marke hat einen Marktanteil von rund sechs Prozent. (Cheerios ist eine der wenigen Marken dieser Kategorie, die keinen generischen Namen haben.)

---

* Bran = Kleie.

Wenn Gattungsnamen außerhalb des Internets nicht funktionieren, warum sollten sie es dann im Internet tun? Das Problem ist genau dasselbe. Wie bringen Sie Ihre potenziellen Kunden dazu, sich Ihren Markennamen zu merken und ihn mit einem positiven Attribut in Zusammenhang zu bringen?

Wenn Sie einen generischen Namen als Markennamen verwenden, wird er weder Ihren Kunden im Gedächtnis haften bleiben noch werden sie ihn mit einem positiven Attribut assoziieren. Erstens kann der potenzielle Kunde nicht zwischen dem Namen Ihrer Site und dem der Kategorie unterscheiden. Zweitens kann er kein spezifisches Attribut mit dem Namen assoziieren, weil der Name für die gesamte Kategorie und nicht nur für Ihre Site steht.

Manche Sites versuchen, dieses Problem zu lösen, indem sie das Attribut mit dem Hauptwort kombinieren. Anstelle von Books.com heißt die Marke dann eben AllBooks4Less.com oder vielleicht Cheaptickets.com oder Lowestfare.com.

Ironischerweise handelt es sich hier um eine Markenstrategie, die außerhalb des Internets durchaus erfolgreich sein kann, im Internet aber nicht. Wenn Sie die Straße entlang fahren und ein Schild mit der Aufschrift »All Books 4 Less« sehen, wissen Sie, was der Laden verkauft und warum Sie dort vielleicht Halt machen wollen. (Eine Kette namens »All Books 4 Less« wird andererseits Firmen wie Barnes & Noble, Waldenbooks oder Borders kaum in den Sack stecken.)

Im Internet fahren Sie aber nicht die Straße entlang und sehen auch kein Schild mit der Aufschrift »AllBooks4Less«. Sie müssen sich den Namen merken, und das ist nicht leicht.

Sie fragen Ihre Erinnerung: »Wer verkauft im Netz billige Bücher?« Und die Antwort fällt Ihnen prompt ein: »Amazon.com.«

Zunächst verwenden viele potenzielle Kunden Suchmaschinen, um Sites zu finden, die sie interessieren. Das heißt, dass ein Name wie AllBooks4Less.com zunächst möglicherweise eine respektable Zahl von Zugriffen erzielt. Aber wie gesagt – nur zunächst.

Beim Branding – ob im Internet oder anderswo – geht es

in erster Linie darum, Ihren Namen in das Bewusstsein Ihrer potenziellen Kunden einzubrennen. Wenn Ihnen das gelingt, brauchen Sie nicht mehr darauf zu setzen, dass die Kunden Ihre Site mit einer Suchmaschine finden. Das heißt, dass sich Ihr Internetmarkenname auf lange Sicht selbst tragen muss. Und ein generischer Name ist ein sehr schwaches Fundament.

»Autos« ist kein guter Name für einen Autohändler. Und Autos.com ist kein guter Name für eine Website, auf der Autos verkauft werden. Dasselbe gilt für Mydiscountbroker.com – das ist kein guter Name für einen Aktienmakler im Internet.

Und worum geht es bei Internet.com Ihrer Meinung nach? Das ist ein Markenname, gegen den gleich zwei starke Argumente sprechen. Internet.com ist ein generischer Name für eine Website, die versucht, für jeden alles zu sein. (Man hört geradezu die Freudenschreie auf den Gängen von Internet.com: »Wow! Es ist uns gelungen, den ultimativen Internetnamen reservieren zu lassen!« Na ja – freuen Sie sich nicht zu früh.)

Wie heißen Sie? Müller, Meier, Schmid? Würden Sie in Erwägung ziehen, Ihren Familiennamen gegen einen Gattungsnamen einzutauschen? Wenn ja, könnte ein Telefongespräch etwa so ablaufen:

»Hallo, hier ist Jemand.«

»Das weiß ich, aber wie heißen Sie?«

Trotz unserer Argumente für Eigennamen wird es in den Organisationen intensiven Druck geben, generische Namen zu wählen. Das ist das Lemming-Phänomen. Sobald sich die Menge in eine Richtung in Bewegung setzt, laufen ihr alle anderen nach. Es stimmt natürlich, dass mit der Masse zu laufen ein gewisses Maß an psychologischer Befriedigung bietet, egal ob in den Sparten Kunst, Musik, Bekleidung oder eben bei Internetmarkennamen.

»Es ist besser für den Ruf, konventionell zu scheitern«, sagte John Maynard Keynes einmal, »als unkonventionell erfolgreich zu sein.«

Sagen Sie nicht, wir hätten Sie nicht gewarnt.

4
Das Gebot des Eigennamens

Ihr Name steht im Internet allein –
wählen Sie daher einen guten!

Die Flut der generischen Markennamen im Internet ist für
Spätzünder ein Grund zur Hoffnung. Wenn es Ihnen gelingt,
eine Website mit einer guten Idee und einem ausgefallenen
Markennamen zu lancieren, haben Sie gute Erfolgschancen.
Sie können warten, bis die Sites mit den generischen Namen
im Nirwana verschwinden und dann einsteigen und große
Kasse machen.

Vergessen Sie nicht: Ihr Name steht im Internet allein. Er
ist Ihr wertvollstes Vermögen – mit Abstand. Das ist einer
der wesentlichen Unterschiede zwischen dem Internet und
der physischen Welt.

In der physischen Welt finden wir viele Hinweise auf den
Zweck eines Unternehmens. Der Standort, die Auslagen,
sogar die Größe und die Architektur eines Gebäudes. Ein
Hotel sieht aus wie ein Hotel, eine Bank sieht aus wie eine
Bank, und ein Restaurant sieht aus wie ein Restaurant.

Sogar in der Industrie ist der Name eines Unternehmens
nicht der einzige Hinweis. Broschüren oder Werbepost beinhalten normalerweise Bilder, aus denen die Produktlinie oder
die Dienstleistungen des Unternehmens ersichtlich sind.

Im Internet hingegen steht der Name allein. Bis die potenziellen Kunden zu der Site gelangen, finden sie keine Hinweise auf ihren Inhalt.

In der physischen Welt funktionieren bisweilen auch
schlechte Namen, weil physische Hinweise zur Definition

der Identität des Unternehmens beitragen. Ein Uhrengeschäft erkennt man eben an seinem Äußeren. Es sieht aus wie ein Uhrengeschäft.

Sogar ein hanebüchener Name kann im Einzelhandel funktionieren. »Die Matratze« für ein Bettwarengeschäft oder »Der grüne Laden« für einen Anbieter von Biokost. Namen wie diese stehen nie allein für sich. Sie sind immer mit einer Fülle anderer Hinweise verbunden, aus denen ihr wahrer Sinn hervorgeht.

In der elektronischen Welt gibt es keine Hinweise. Es gibt keine Bücher im Schaufenster, die Ihnen sagen, dass Amazon.com ein Buchgeschäft ist. Es gibt keine Reiseplakate, die Ihnen sagen, dass Priceline.com Flugtickets verkauft. Keine Grußkarten, die Ihnen sagen, was Bluemountain.com macht.

Genau das ist es, was viele Internetunternehmen übersehen. Sie tappen geradewegs in die Falle der generischen Namen.

Die Anziehungskraft der generischen Namen ist so stark, dass manche Firmen enorme Summen für Namen bezahlen, die sich auf lange Sicht als nutzlos erweisen. Ein Unternehmen aus Los Angeles kaufte den Namen Business.com für 7,5 Millionen US-Dollar. (An die Betreffenden: Wenn Sie dieses Buch für 21 US-Dollar gekauft hätten, hätten Sie sich 7 499 979 US-Dollar gespart.) Noch ein paar andere Zahlen aus der letzten Zeit:

- Wine.com wurde für drei Millionen US-Dollar gekauft.
- Telephone.com wanderte für 1,75 Millionen US-Dollar über den Ladentisch.
- Bingo.com wechselte für 1,1 Millionen US-Dollar den Besitzer.
- Wallstreet.com war jemandem 1,03 Millionen US-Dollar wert.
- Drugs.com fand für 823 456 US-Dollar einen Abnehmer.
- University.com erzielte respektable 530 000 US-Dollar.

56

Es ist schlimmer als das Tulpenfieber in Holland oder der Trüffelwahn in Frankreich. Das letzte Angebot für Loans.com lautete drei Millionen US-Dollar. (Wenn Sie einen generischen Internetnamen besitzen, empfehlen wir Ihnen, ihn zu verkaufen, bevor der Hype nachlässt.)

Selbst in diesem frühen Stadium ist die Macht eines Eigennamens im Vergleich zu einem generischen Namen im Internet klar nachweisbar. Die großen frühen Gewinner (AOL, Amazon.com, eBay, Priceline.com, Yahoo!) sind allesamt Eigennamen.

In dieser Frage herrscht viel Verwirrung. Die Leute sehen einen Namen wie Priceline und gehen davon aus, dass es sich um einen Gattungs- oder generischen Namen handelt – aber das ist er nicht. Der generische Name für diese Kategorie lautet »Tickets« oder eigentlich »Airlinetickets zum Wunschpreis«. Tickets.com ist ein generischer Name für eine Website, der es unserer Meinung nach nicht weit bringen wird.

(»Price« und »Line« sind natürlich auch gebräuchliche Wörter, aber sie werden außerhalb des Kontexts und in Kombination verwendet, um den Eigennamen »Priceline« zu bilden, der sich als effektiver Internetname erwiesen hat.)

Jeder generische Name kann auch als Eigenname fungieren, wenn er eine einzelne Person, einen Ort oder ein Ding bezeichnet. Vogel ist ein generischer Name, aber auch ein Eigenname, wie zum Beispiel in Hans-Jochen Vogel oder in Kanarienvogel.

Wenn Sie einen Namen für Ihre Website wählen, sollten Sie sich als Erstes fragen: Wie lautet der generische Name für diese Kategorie? Genau um diesen Namen sollten Sie einen Bogen schlagen.

Ein einzelner Eigenname erweist sich auf jeden Fall als besserer Name für Ihre Site als ein generischer.

iVillage.com ist zum Beispiel ein besserer Name für eine Website für Frauen als Women.com. (Ja, es gibt eine Website namens Women.com, und sie wird in diesem Jahr zehn Millionen US-Dollar für Werbezwecke ausgeben!)

Ashton.com ist besser für eine Website, die Luxusgüter verkauft, als Cyberluxury.com, eLuxury.com oder Firstjewelry.com.

In der physischen Welt gelten übrigens dieselben Branding-Prinzipien. Der Eigenname ist dem Gattungs- oder generischen Namen überlegen.

- McDonald's ist ein besserer Name als Burger King.
- Hertz ist ein besserer Name als National Car Rental. (Alle Namen, die Sie in den Terminals der Airlines auf den Flughäfen sehen, sind nationale Autovermietungsfirmen, aber es gibt nur ein Hertz.)
- *Time* ist ein besserer Name als *Newsweek* oder *U.S. News & World Report*.
- Kraft ist ein besserer Name als General Foods. Als sich Kraft Generals Foods also zur Vereinfachung seines Namens entschloss, wurde das Unternehmen Kraft getauft und nicht General Foods.

Natürlich gibt es Abstufungen. Burger King ist kein *rein* generischer Name. The Hamburger Place wäre der generische Name für ein Fastfood-Restaurant, das Burger anbietet.

Aber auch bei Eigennamen gibt es Schattierungen. McDonald's und Hertz sind »stärkere« Eigennamen als *Time Magazine*. *Time* ist ein generischer Name, der außerhalb des Kontexts zur Bildung eines Eigennamens verwendet wird.

So sind auch Amazon und Yahoo! »eigenere« Namen als Priceline und eBay, da letztere generische Wörter beinhalten, die lediglich außerhalb des gewohnten Kontexts verwendet werden. (Alle Unterschiede sind natürlich relativ. Sogar Amazon und Yahoo! können generisch verstanden werden. Ein Yahoo ist ein Rohling, und eine Amazone ist eine starke, resolute Frau.)

Wie »eigen« sollte der Namen Ihrer Website also sein?

Kommt darauf an. Erstens – und das ist am wichtigsten – wollen Sie, dass der Name Ihrer Website als Eigenname wahrgenommen wird. Dann werden Sie (hoffentlich!) wollen, dass Ihr Name »eigener« ist als der Ihrer Konkurrenten. Aber Sie sollten auch andere Faktoren berücksichtigen.

Neben der Wahl eines Eigennamens bieten Ihnen die folgenden acht Richtlinien weitere Möglichkeiten, die Namensstrategie Ihrer Website effektiv zu gestalten:

1. Der Name sollte kurz sein

Allgemein gilt: je kürzer, desto besser. Die Kürze ist für eine Internetmarke sogar noch wichtiger als für eine Marke außerhalb des Netzes.

Bedenken Sie, dass der Name Ihrer Website in den Computer eingegeben werden muss. Deshalb sollte der Name kurz sein und frei von Rechtschreibtücken.

Viele Internetmarken haben zwei Nachteile: Ihre Namen sind nicht nur generisch, sondern auch zu lang. Daraus folgt, dass sie schwer zu merken und schwer zu schreiben sind. Ein paar Beispiele:

- Artsourceonline.com
- Dotcomdirectory.com
- eBusinessbusiness.com
- Expressautoparts.com
- Interactivebrokers.com
- GiftCertificates.com
- OnlineOfficeSupplies.com
- Treasurechestonline.com

Vom generischen Namen der Kategorie auszugehen und ihn zu verdichten ist eine gute Möglichkeit, zwei Fliegen auf einen Streich zu treffen. Sie schaffen auf diese Weise einen Eigennamen, der nicht nur kurz ist, sondern auch leicht zu schreiben. CNET.com ging zum Beispiel vom generischen Begriff »computer network« aus und verkürzte ihn zu CNET. So entstand ein kurzer Eigenname, der leicht zu schreiben ist.

Sandoz brauchte einen Markennamen für ein rezeptfreies Grippemittel (Flu therapy). Deshalb drehte das Unternehmen die Reihenfolge der Wörter um und verdichtete sie zu TheraFlu. Das Produkt wurde die führende Marke seiner Kategorie.

Nabisco brauchte einen Markennamen für seine Vanillewaffeln – und nannte sie Nilla. Und der starke Markenname Jell-O ist nichts anderes als eine Verkürzung von Gelatinedessert.

Nabisco selbst ist ein Markenname, der durch die Verdichtung seines früheren generischen Namens, National Biscuit Company, entstand. (Es gibt viele nationale Keksgesellschaften, aber nur ein Nabisco.)

Barnesandnoble.com gab den Gebrauch seines langen, schwer zu schreibenden Namens schließlich auf und verkürzte ihn zu bn.com.

(Die Namen bn.com und msdw.com sind auch nicht gut, und zwar aus Gründen, die wir beim unumstößlichen Gebot Nr. 9 besprechen werden.)

Das bekannte Beratungsunternehmen Booz Allen & Hamilton konnte seinen langen, komplizierten Namen im Internet offensichtlich nicht gebrauchen und entschied sich daher für Bah.com. (Nicht gerade ein Volltreffer.) Und was ist mit Namen wie Deloitte & Touche? Oder mit PricewaterhouseCoopers?

Das Internet wird viele Unternehmen zwingen, ihre Namen unter die Lupe zu nehmen. Das gilt sogar für Unternehmen, für die das Internet ein Medium und kein Geschäftsort ist. Anstelle von Bah.com hätte Booz Allen & Hamilton vielleicht den Namen der Firma auf Booz Allen ändern und dann eine Site namens BoozAllen.com einrichten sollen.

Und Namen wie Alleghany, Allegheny Teledyne, Allegiance, Anheuser-Busch, Bausch & Lomb, Canandaigua Brands, Di Giorgio, Harnischfeger, Hayes Lemmerz, Heilig-Meyers, Leucadia National, Marsh & McClennan, Phillips-Van Heusen, Rohm & Haas, Schering-Plough, Smurfit-

Stone, Sodexho Marriott Services, Synovus Financial, Tecumseh Products, TIAA-CRED, Transmontaigne, Wachovia, Wackenhut oder Weyerhauser?

Alle diese Unternehmen werden bei der Übertragung ihrer Namen ins Internet Schwierigkeiten haben. Und das sind keine Winzlinge. Sie rangieren allesamt in der von *Fortune* veröffentlichten Liste der 1000 größten amerikanischen Unternehmen.

Wegen des Internets werden viele Unternehmen ihre Namen vereinfachen müssen. Damit die Post sich weigert, Ihren Brief zuzustellen, müssen Sie einen Namen und eine Adresse schon sehr fehlerhaft schreiben. Wenn Sie aber eine Website erreichen wollen, dürfen Sie keinen einzigen Fehler machen. Sie können nicht einfach einen Punkt oder einen Bindestrich unter den Tisch fallen lassen.

Eine Möglichkeit, alles unter einen Hut zu bringen, besteht darin, im Web sowohl einen Namen als auch einen Spitznamen zu verwenden. Charles Schwab ist der Name des führenden Discountmaklerhauses. Im Web verwendet das Unternehmen sowohl CharlesSchwab.com als auch Schwab.com, obwohl nur für Schwab.com geworben wird.

Ask Jeeves ist eine der führenden Suchmaschinensites im Internet, aber es verwendet klugerweise zwei Sitenamen: AskJeeves.com und Ask.com.

Wenn Sie sich zwischen mehreren Markennamen entscheiden müssen, die gleich gut klingen, ist der bessere Name wahrscheinlich der, für den es auch einen guten Spitznamen gibt.

Die Leute fühlen sich mit einer Marke enger verbunden, wenn sie anstelle des vollen Namens den Spitznamen verwenden können.

- Beemer anstelle von BMW
- Chevy anstelle von Chevrolet
- Coke anstelle von Coca-Cola
- Bud anstelle von Budweiser
- FedEx anstelle von Federal Express
- Mac anstelle von Macintosh

2. Der Name sollte einfach sein

Einfach ist nicht dasselbe wie kurz. Einfachheit hat mit der alphabetischen Konstruktion des Namens zu tun. Ein einfaches Wort besteht nur aus einigen Buchstaben des Alphabets und ordnet sie in Kombinationen, die sich wiederholen.

Schwab ist ein kurzer Name (sechs Buchstaben), aber – zumindest für Amerikaner – kein einfacher. Warum? Nun, er enthält sechs verschiedene Buchstaben. Das ist einer der Gründe, warum Schwab kein besonders leicht zu schreibendes Wort ist.

Mississippi ist ein langer Name (elf Buchstaben), aber auch ein einfacher, weil in ihm nur vier Buchstaben des Alphabets vorkommen. Deshalb wissen die meisten Leute, wie man Mississippi schreibt.

Coca-Cola ist sowohl kurz als auch einfach. Obwohl der Name aus acht Buchstaben besteht, enthält er nur vier verschiedene Buchstaben. Dazu kommt, dass die Silbe »Co« wiederholt wird.

PepsiCola andererseits ist viel komplizierter als Coca-Cola. PepsiCola verwendet acht Buchstaben für ein aus neun Buchstaben bestehendes Wort.

Autobytel.com leidet zum Beispiel an demselben Problem. Wie der Name PepsiCola enthält das Wort acht verschiedene Buchstaben. Außerdem – wie trennt man den Namen? Heißt es Auto by Tel oder Auto Bytel? Und was sollte in diesem Fall ein Bytel sein?

Auch wenn die Autobytel-Website einen Eigennamen besitzt und früh die Führung in der Kategorie »Auto« übernommen hat, glauben wir nicht, dass es die führende Site dieser Kategorie bleiben wird.

Manche kritisierten die Entscheidung Nissans, seine Marke von Datsun in Nissan geändert zu haben. Aber Nissan ist der bessere Markenname. Obwohl beide Namen aus sechs Buchstaben bestehen, besteht Datsun aus sechs *verschiedenen*, während Nissan mit nur vier auskommt. (Der Name Datsun ist heute kaum noch zu hören.)

3. Der Name sollte einen Hinweis auf die Kategorie enthalten

Jetzt kommt etwas Paradoxes: Um im Web eine große Marke zu werden, brauchen Sie einerseits einen Eigennamen. Der Name sollte aber andererseits auf die Kategorie hinweisen, ohne in die Falle des generischen Namens zu tappen.

Das ist gar nicht so einfach. Die Verkürzung des generischen Namens wäre eine Möglichkeit, beide Ziele zu erreichen (CNET, Nilla und Jell-O zum Beispiel).

Eine weitere Möglichkeit besteht darin, dem Kategorienamen einfach ein Suffix anzuhängen, wie zum Beispiel bei PlanetRx. (Wir hätten ein anderes Wort als *planet* vorgezogen, da dieses Wort schon ein bisschen abgedroschen ist. Neben der dahinsiechenden Kette Planet Hollywood gibt es noch zwei andere Möchtegern-Planeten im Internet, nämlich Pet Planet und Planet Outdoors.)

DrugDepot.com wäre ein besserer Name für einen Internet-Drugstore als Drugs.com oder Drugstore.com. Erstens enthält er eine Alliteration, und zweitens deutet er auf die Home-Depot- und Office-Depot-Marken der physischen Welt hin.

Wir halfen einmal einer Firma, die spezielle Werbeartikel im Web verkaufen wollte, bei der Suche nach einem Markennamen. Schließlich schlugen wir BrandBuilders.com vor. (Die Firma verkauft Hüte, T-Shirts, Füllfedern, Mappen und andere Dinge, die Unternehmen zum Markenaufbau verwenden.) Dann einigten wir uns mit dem Kunden, den Namen auf Branders.com zu verkürzen, damit er leichter einzugeben wäre.

4. Der Name sollte einzigartig sein

Es ist in erster Linie die Einzigartigkeit eines Namens, die dafür sorgt, dass er den Leuten im Gedächtnis bleibt. Das gilt für alle Markennamen, aber vor allem für die im Web verwendeten.

Ein Name ist natürlich nur dann wirklich einzigartig, wenn Sie ihn von Grund auf selbst erfinden, wie zum Beispiel Acura, Lexus, Kodak oder Xerox.

Aber wie einzigartig ist More.com, eine Site, die 20 Millionen US-Dollar ausgibt, um Ihnen mitzuteilen, dass sie Gesundheits-, Schönheits- und Wellnessprodukte verkauft? Oder MyWay.com oder CheckOut.com oder Individual.com, Owners.com, YouDecide.com oder Indulge.com, Tis.com oder Respond.com? Oder hundert andere Sites, hinter denen Millionen US-Dollar Risikokapital stehen und die mit Millionenaufwand beworben werden?

Eine Firma aus Waltham, Massachusetts, gibt für einen Geschenkeservice namens Send.com 20 Millionen US-Dollar für Fernseh- und Radiowerbung aus. Wie soll sich jemand diesen Namen merken?

Sagen wir, Sie möchten für Ihren Freund Charlie ein Weihnachtsgeschenk kaufen. Wenden Sie sich an Buy.com, Present.com, Gift.com oder an wen?

Ein Gattungs- oder generischer Name ist nicht genug. Er bezieht sich nicht wie ein Eigenname auf eine spezifische Person, einen Ort oder ein Ding. Deshalb merkt man sich einen generischen Namen, wenn er als Websitename für die generische Kategorie verwendet wird, so schwer.

5. Der Name sollte eine Alliteration beinhalten

Warum, glauben Sie, bewegen Kinder beim Lesen ihre Lippen? Sie wandeln die visuellen Symbole, die von den Buchstaben und Wörtern verkörpert werden, in Töne um, die ihr Gehirn verarbeiten kann. Das Gehirn arbeitet mit dem Klang der Wörter, nicht mit ihrer Form.

Wenn die Kinder größer werden, lernen sie, die Lippen beim Lesen nicht mehr zu bewegen. Aber das ändert nichts an der Art, wie ihr Gehirn funktioniert. Es arbeitet weiterhin mit dem Klang der Wörter.

Wenn Sie wollen, dass sich die Leute etwas merken, for-

mulieren Sie Ihre Botschaft am besten in einem Reim: »Ihr
Garten kann nicht warten …«

Frogdog.com ist eine Verbesserung gegenüber dem
ursprünglichen Markennamen, der Sportside.com lautete.

Die Alliteration ist eine weitere gute Methode, um Ihre
Marke im Gedächtnis der Menschen zu verankern. Viele
Markennamen der realen Welt bilden eine Alliteration. Eini-
ge Beispiele:

- Bed, Bath & Beyond
- Blockbuster
- Big Bertha
- Coca-Cola
- Dunkin' Donuts
- Weight Watchers

Bei unserer Suche nach aktiven, gut beworbenen Internetmarken fanden wir keine einzige, die die Alliteration nutz-
te. (Einer der Gründe, warum uns BrandBuilders als Name
gefiel, war die Alliteration.)

Dasselbe Prinzip gilt für Babys. Geben Sie Ihrem Neuge-
borenen doch einen Startvorteil! Wählen Sie einen Vorna-
men, der denselben Anfangsbuchstaben wie Ihr Nachname
hat: Ronald Reagan, Robert Redford, Tina Turner, Marilyn
Monroe.

6. Der Name sollte leicht auszusprechen sein

Wann kauften Sie zuletzt etwas, weil Sie eine Werbung für
dieses Produkt gehört oder gesehen hatten? Vielen Leuten
fällt auf diese Frage keine Antwort ein.

Bedeutet das, dass Werbung wirkungslos ist? Nicht unbedingt. Viele Leute kaufen Produkte oder Dienstleistungen,
weil sie über Freunde, Nachbarn oder Verwandte davon
gehört haben.

Die Mundpropaganda ist das effektivste Medium des

gesamten Kommunikationsarsenals. Aber wie bekommt man den ersten Mund dazu, die frohe Kunde weiterzugeben? Die Antwort lautet natürlich: durch Werbung oder Publicity.

So effektiv die Mundpropaganda auch ist – damit allein können Sie keine Marke aufbauen. Sie müssen in diesen Mund etwas hineinlegen. Leider verwenden zu viele Leute Internetmarkennamen, die unaussprechlich sind. Aber auch generische Namen sind einer Mundpropaganda nicht unbedingt zuträglich.

»Wo hast du deinen neuen Computer gekauft?«

»ImAusverkauf.«

»Ich weiß, dass er billig war, aber wo hast du ihn gekauft?«

»ImAusverkauf.«

ImAusverkauf.com mag sich in normalen Gesprächen als problematischer Name erweisen, aber viele Websites treiben es noch weit ärger. Ihre Namen sind nicht nur schwer auszusprechen, sondern auch schwer zu schreiben. Einige Beispiele: Entrepreneur.com, Concierge.com, Cyberluxury.com, Onvia.com, inmandi.com, Brodia.com, iWon.com, iOwn.com, Richoshet.com, zUniversity.com, Shabang.com, uBid.com, Cozone.com, GiftEmporia.com, iParty.com, eHow.com, Travelocity.com, Adornis.com, 2Key.com.

Wenn jemand eine physische Marke oder ein Einzelhandelsgeschäft aus der realen Welt empfiehlt, braucht man sich nicht genau zu merken, wie sich der Name schreibt. Hieß es nun Abercrombie & Fitch oder Abacromby & Fitch? Im Einkaufszentrum ist das egal – nicht aber im Web.

Deshalb sollten Sie als Eigentümer einer Internetmarke immer versuchen, alle möglichen Schreibweisen des Namens reservieren zu lassen, wie zum Beispiel 2Key und TwoKey.

(Rund zehn Prozent der Bevölkerung leiden unter einer gewissen Lese- und Rechtschreibschwäche. Warum diesen Markt abschreiben?)

Ein weiteres Problem besteht in der Mischung aus Zahlen und Buchstaben. In der Welt außerhalb des Internets tun das nur sehr wenige bekannte Firmen (uns sind nur 3M, 3Com und 1-800-FLOWERS eingefallen).

Dieser Fehler wird aber von nicht wenigen Internetfirmen begangen. 1stBuy.com, 123greetings.com, 123tel.com, How2.com, Net2phonedirect.com, Pop2it.com, Click2Asia.com, Shop2give.com, MP3.com, 4anything.com, 4charity.com, Fax4Free.com, Opus360.com, 800.com, 911gifts.com.

Warum fällt es den meisten Leuten leichter, sich ihre Telefonnummer zu merken als ihr Autokennzeichen, auch wenn beide etwa gleich lang sind? Die Antwort ist: Für Autokennzeichen werden meistens Zahlen und Buchstaben verwendet, und eine solche Mischung bleibt eben nicht so leicht in Erinnerung. (Haben Sie je versucht, sich eine kanadische Postleitzahl wie H3B 2Y7 zu merken?) Während eine Kombination zwar interessante Aussagen ergeben kann, eignet sie sich nicht für Markennamen.

Einer der Gründe, warum Unternehmen unaussprechliche Markennamen wählen, hat mit dem Auswahlprozess zu tun.

Die meisten Markennamen werden visuell ausgewählt, normalerweise aus einer Liste von Namen, die auf übergroße Bögen weißen Papiers, auf Pappe geklebt, geschrieben werden.

Aber das ist nicht die Herangehensweise der potenziellen Kunden. Sie *hören* den Namen meist von Freunden, Nachbarn, Verwandten oder Kollegen. Selbst in den Medien kommen die Kunden viel eher durch verbale als durch visuelle Medien mit Markennamen in Kontakt. Fast 90 Prozent der durchschnittlichen Medienkonsumzeit entfällt auf Radio oder Fernsehen, und nur zehn Prozent auf Zeitungen oder Magazine.

Falls Sie es nicht wissen: Die Wörter, die Sie in einem TV-Werbespot hören, hinterlassen in Ihrem Bewusstsein einen viel stärkeren Eindruck als jene, die Sie auf dem Bildschirm lesen. (Das gesprochene Wort beinhaltet auch Emotionen und sekundäre Bedeutungen, während das gedruckte Wort einfach emotionslos auf der Seite oder auf dem Fernsehbildschirm steht.)

Wenn Sie einen Markennamen wählen, sollten Sie hören, wie der Name gesprochen klingt, und nicht einfach das Wort auf einer Papptafel anstarren. Sie können weder Großbuchstaben noch den Klang eines ® hören. Damit ein Markenname wirkungsvoll sein kann, muss er wie ein Eigenname klingen oder wie ein Wort, das eine bestimmte Website heraufbeschwört, nicht nur eine generische Kategorie.

7. Der Name sollte schockieren oder zumindest überraschen

Wenn Sie wollen, dass sich die Leute Ihre Internetmarke merken, müssen Sie sich einen »Schocker« als Namen suchen.

Die besten Markennamen haben immer ein gewisses Schock- oder Überraschungselement. Nehmen Sie zum Beispiel DieHard, die meistverkaufte Autobatterie oder Häagen-Dazs, die führende Eiskremmarke, oder Diesel, das modische Jeanslabel.

Aber Achtung: Es ist leicht, des Guten zu viel zu tun und den Namen so »sprechend« zu machen, dass die Leute sich abgestoßen fühlen. Die Kleidermarke FUBU (weckt gewisse F...- Assoziationen) ist zum Beispiel ein solcher Grenzfall, obwohl jüngere Menschen schockierenden Namen gegenüber wirklich mehr Toleranz aufbringen.

Wir werden manchmal gefragt, warum wir unsere Gebote »unumstößlich« nennen. Sind nicht einige davon veränderlich? Eine durchaus angemessene Frage. Mag sein, antworten wir, aber wenn man sich im Buchgeschäft durchsetzen will, braucht man einen starken Titel. »Die 11 allgemein akzeptierten Gesetze des Internet-Branding« würde bei Amazon.com oder bei Barnes & Noble wohl keinen Hund hinter dem Ofen hervorlocken.

Zu erreichen, dass ein Wirtschaftsbuch in den Medien rezensiert wird, ist eines der schwierigsten Dinge der PR überhaupt. Wir werden uns anstrengen, aber aller Wahrscheinlichkeit nach wird dieses Buch unser achtzehntes sein, das vom *Wall Street Journal* nicht rezensiert wird.

Aber das *Journal* rezensierte ein anderes Buch, nämlich eines mit dem Titel »Leadership Secrets of Attila the Hun« (Die Führungsgeheimnisse des Hunnenkönigs Attila). Wird das *Wall Street Journal* des 25. Jahrhunderts vielleicht ein Buch rezensieren, das den Titel »Die Führungsgeheimnisse Adolf Hitlers« trägt? Wer weiß.

Ein gewisses Schockelement macht den Namen einprägsamer, weil es Emotionen weckt. An die Ereignisse unseres Lebens, die intensive Gefühle in uns auslösten, haben wir die stärksten Erinnerungen: unser Schulabschluss, unser Hochzeitstag, der Tag des tödlichen Autounfalls von Lady Di.

Sie waren in Ihrem Leben vielleicht Dutzende Male in Urlaub, und diese Reisen bleiben Ihnen als nebelhafte Erinnerungen im Gedächtnis. Die Urlaube aber, die Sie niemals vergessen werden, sind jene, die mit starken emotionalen Elementen verbunden waren. Mit einer Autopanne, einem gekenterten Segelboot, dem Tag, an dem Sie auf eine Hornisse traten.

Dasselbe Muster erkennen wir auch im Internet. Gebräuchliche Namen wie Cooking.com oder Furniture.com sind langweilig und wecken keine Gefühle oder Emotionen. Sie sind nicht leicht im Gedächtnis zu behalten.

Es sind die Namen mit Biss, die sich im Internet am besten durchsetzen – Namen wie Yahoo! und Amazon.com. Das sind Namen, die die Leute emotional ansprechen.

Eine gute Markenstrategie für Internetunternehmen besteht darin, das Überraschungs- oder Schockelement sowohl mit der Kategorie als auch mit dem Vorteil zu verbinden. Amazon.com warb lange Zeit für sich als »Earth's Biggest Bookstore« – »größte Buchhandlung der Welt«. Diese Strategie funktionierte auf mehreren Ebenen. Der Amazonas ist der »größte« Fluss der Welt, und die Alliteration »biggest bookstore« macht den Namen noch einprägsamer.

Wenn Sie Ihren schockierenden Namen weder mit einer Kategorie noch mit einem Vorteil verbinden, verschwenden Sie seine Kraft. Wir waren immer der Meinung, dass Prodigy (Wunder) ein guter Name für einen Internet-Serviceprovider ist, aber nicht für eine allgemeine Site. Prodigy hätte unserer Meinung nach eine Site für Kinder sein müssen.

Andere Internetnamen, die man sich leicht merkt, sind MotleyFool, EarthLink und MindSpring. Auch Hotmail, der beliebteste Gratis-E-Mail-Dienst, und Monster.com, die führende Jobvermittlungssite, sind nicht schlecht.

8. Der Name sollte personalisiert sein

Natürlich ist es kaum möglich, in einen einzigen Internetmarkennamen alle diese Strategien hineinzupacken. Und dann noch die Personalisierung ... Aber wenn die Situation es gestattet, sollten Sie Ihre Site nach einem Menschen benennen.

Viele Markennamen der realen Welt leiten sich von Personen her. Ford, Chrysler, Chevrolet, Pontiac, Buick, Cadillac. Calvin Klein, Ralph Lauren, Tommy Hilfiger, Donna Karan, Boeing, Forbes, Goodyear, Gillette, Heinz und Hertz, um nur einige zu nennen.

Anfangs verkaufte Dell Computer seine Produkte unter dem Markennamen PC Limited. Aber schließlich erkannte das Unternehmen, dass der Eigenname (Dell) viel stärker war als der generische Name (PC Limited). Also gab es sich einen anderen Namen.

Das Publicitypotenzial Ihrer Marke verbessert sich, wenn Sie den Namen des Firmengründers als Markennamen verwenden. Denken Sie nur daran, wie viel Publicity Michael Dell bekommen hat – Publicity, die direkt seiner Marke zugute kommt. Sein Konkurrent, Mr. Compaq, wird hingegen kaum erwähnt!

Und wo wären die Trump-Marken ohne The Donald? Nirgendwo, denn Donald gibt nicht gerne Geld aus, wenn er etwas gratis bekommen kann. Schätzen Sie die PR nicht zu gering. Donald Trumps Wirbelwindaktionen für seine Marken haben sie dorthin gebracht, wo sie heute sind.

Marken sind etwas Kaltes, Unbewegtes und Lebloses. Nur ein Mensch kann die Strategie, die Position und die Ziele einer Marke artikulieren. Die Medien wollen Menschen interviewen, keine Marken. Und, wenn es möglich ist, den Firmenchef, nicht den Markenmanager.

So ist es – daran führt kein Weg vorbei. Wenn Sie der Firmenchef sind und Ihre Marke berühmt machen wollen, müssen Sie den Wunsch hegen, selbst berühmt zu werden. Die berühmtesten Marken haben meist auch berühmte Firmenchefs. Denken Sie nur an Microsoft und Bill Gates. Sun Microsystems und Scott McNealy. Oracle und Larry Ellison. Apple und Steve Jobs.

Dasselbe ist es im Internet. AOL und Steve Case. Amazon.com und Jeff Bezos. Yahoo! und Jerry Yang und David Filo.

Machen Sie den Leuten das Leben einfacher. Erleichtern Sie es Ihren Kunden und den Medien, den Unternehmensleiter mit der Website zu assoziieren. Am besten, beide haben denselben Namen:

- J. R. Koop und JRKoop.com
- Michael Dell und Dell.com
- Charles Schwab und Schwab.com

Alles fängt beim Namen an. Wenn Sie auf der Suche nach einem Namen die meisten der acht Namensstrategien beachten, sind Ihre Chancen gut, eine erfolgreiche Internetmarke aufzubauen.

5
Das Gebot der Singularität

Vermeiden Sie es unbedingt,
in Ihrer Kategorie der Zweite zu sein

Es gibt einen großen Unterschied zwischen Internet-Branding und dem Markenaufbau in der realen Welt.

In der realen Welt gibt es immer Platz für eine Marke Nr. 2:

- Duracell und Energizer
- Kodak und Fuji
- Hertz und Avis
- Nike und Reebok
- Exxon und Shell

Es gibt einen Grund dafür, dass Markenzweite außerhalb des Internets ein komfortables Leben führen können. Sie befriedigen ein Bedürfnis, und zwar nicht nur das des Konsumenten, sondern auch eines des Handels.

Würde ein Supermarkt nur Coca-Cola anbieten und keine zweite Cola-Marke? Nein. Die zweite Marke stärkt die Position des Supermarkts gegenüber dem Marktführer. »Wenn Coca-Cola nicht an unserer wöchentlichen Promotionaktion teilnimmt, fragen wir eben Pepsi.«

Die unausgesprochene Drohung des Handels lautet: Wenn du dieses Geschäft ablehnst, bieten wir es eben deinem Konkurrenten an. Die Marke Nr. 2 erfüllt ein echtes Bedürfnis des Handels.

Würden die Manager eines Airlineterminals einen Exklusivvertrag mit Hertz unterzeichnen, dem führenden Autovermieter? Nein – denn schließlich wollen sie ein bisschen Druck ausüben können, was die Zahl der verfügbaren Autos, die Öffnungszeiten, die Preise etc. anbelangt.

Sagen wir, eine Filiale von McDonald's läge gleich gegenüber von einem höchst attraktiven Fastfood-Standort. Der Immobilienmakler kann das Grundstück nicht an McDonald's verkaufen – deshalb verkauft er es an Burger King.

Der Airlineterminal, der Supermarkt, der Drogeriemarkt, der Betreiber des Einkaufszentrums und sogar der Immobilienmakler – sie alle stehen zwischen dem Kunden und der Marke. Diese Mittler – oder der Handel, wenn Sie so wollen – brauchen die Markenzweiten unbedingt, auch wenn sie im Wesentlichen mit der Nr. 1 identisch sind. Es geht hier nicht um Produkte, sondern es geht um Möglichkeiten zur Druckausübung.

Ein ähnliches Bedürfnis ist in der Industrie zu beobachten. Die meisten Firmen bestehen darauf, eine »zweiten Lieferquelle« zu haben. Was, wenn ihr Hauptlieferant streikt? Wenn ein Unternehmen für einen bestimmten Teil keine zweite Lieferquelle hat, ist es möglicherweise gezwungen, eine ganze Produktlinie zu schließen.

»Nothing comes between me and my Calvins«, erklärte Brooke Shields einst in einer Werbung für Markenjeans. Im Internet kommt tatsächlich nichts zwischen den Kunden und die Marke. Es gibt keine Mittler, keinen Handel, keine Immobilienmakler, keine Notwendigkeit, Druck auf die Nr. 1 auszuüben. Es ist, wie Bill Gates es ausdrückt, »friktionsfreier Kapitalismus«. Die Folge ist, dass das Internet einem Fußballspiel oder einem politischen Konkurrenzkampf gleicht. Es gilt das Gebot der Einzigartigkeit. Der zweite Platz ist gar kein Platz.

Oder, wie es in einem Nike-Werbespot einmal über die Olympischen Spiele hieß: Man gewinne nicht Silber, sondern man »verliert Gold«. Im Internet gibt es keine Silber- und keine Bronzemedaillen.

Im Internet herrscht das Monopol. Es gibt keinen Platz

für Markenzweite. Das Internet funktioniert eher wie die Softwarebranche, wo jede Kategorie von einer bestimmten Marke definiert wird:

- bei Betriebssystemen ist es Windows,
- bei Textverarbeitungen ist es Word,
- bei Tabellenkalkulationsprogrammen ist es Excel,
- bei Präsentationssoftware ist es PowerPoint,
- bei Buchhaltungssoftware ist es Quicken.

Michael Mauboussin, Chefinvestmentstratege von Credit Suisse First Boston, stellte fest, dass Internetaktien einem starren mathematischen Bewertungssystem unterliegen, das Mustern ähnelt, wie sie in der Natur vorkommen. Aus diesen Mustern kann abgeleitet werden, dass es letzten Endes weniger Gewinner geben könnte, als viele Investoren meinen.

Wenn einige Sites größer werden, argumentiert Mr. Mauboussin, ziehen sie mehr Benutzer an, und je mehr Benutzer sie anziehen, desto reichhaltiger und nützlicher werden sie. Das bewirkt, dass sie weitere Benutzer anziehen, und das Ergebnis lautet: »The winner takes it all« – der Sieger streicht alles ein. Eine Hand voll Websites macht fast das ganze Geschäft, und dem Rest bleibt fast nichts. Hier kommt das Gebot der Singularität zum Tragen.

Einer der vielen Vorteile des friktionsfreien Einzelhandels besteht darin, dass niemand zwischen dem Kunden und dem Hersteller einen Teil des Kuchens für sich beansprucht. Der Preis, den wir für die Friktionsfreiheit bezahlen müssen, ist jedoch, dass es so gut wie keine Markenzweiten gibt.

Bei vielen Produkten sind es die Einzelhändler, denen die Markenzweiten ihre Stärke zu verdanken haben. Kein Einzelhändler will in einer Kategorie von einer einzigen Marke abhängig sein. Wenn er sich darauf einließe, wäre er dem Hersteller auf Gedeih und Verderb ausgeliefert. Die zweite Marke sorgt dafür, dass die erste nicht über die Stränge schlägt.

Die Beziehung zwischen Hersteller und Einzelhändler mag in den meisten Fällen herzlich sein, aber trotz der oberflächlichen Freundlichkeit gibt es oft tief gehende Zwistigkeiten über Preise, Zahlungsbedingungen, Lagerhaltungsgebühren, Gemeinschaftswerbung und Rücknahmebedingungen. Im Einzelhandel wird Feuer mit Feuer bekämpft – mit einer zweiten Marke.

Im Web ist die Situation anders. Hier ist die reale Welt die Marke Nr. 2. Wenn Amazon.com Bestseller um 50 Prozent billiger anbietet als die Offline-Konkurrenz, vergleicht der Kunde im Geist das Amazon-Angebot mit den 30 Prozent Preisnachlass, die ihm der billigste Discountbuchhändler seiner Stadt anbietet.

Wenn Barnesandnoble.com (inzwischen bn.com) »Ich auch!« schreit, gähnt der Kunde. Es gibt einfach keinen Grund umzusteigen – es sei denn, Service oder Preise von Amazon.com brächen zusammen.

Es gibt noch einen anderen Grund, warum das Web die zweite Marke unter Druck setzt. In der physischen Welt erzeugt der Erfolg einer Marke einen Trend in die entgegengesetzte Richtung. Das gilt insbesondere für Modemarken.

»Niemand geht mehr in dieses Restaurant«, sagte Yogi Berra. »Es ist zu beliebt.« Auch Ralph Lauren wird nicht mehr von so vielen Leuten getragen wie früher; die Marke wurde zu populär. Jetzt greifen alle zu Tommy Hilfiger – noch.

Wenn es heute Tommy ist, können Sie sicher sein, dass es morgen eine vollkommen andere Marke sein wird. Das ist die Zugkraft der Zweitmarke.

Aber dem Web mangelt es an der Sichtbarkeit der physischen Welt. Wenn alle ihre Bücher bei Amazon.com kauften – würden Sie es je erfahren? Dieser Mangel an Sichtbarkeit schützt den Markenführer vor jenem Backlash, mit dem er in der realen Welt unweigerlich rechnen müsste.

In Wahrheit gibt es im Internet natürlich jede Menge Markenzweite. Und nicht nur die, sondern auch Markendritte,

-vierte, -fünfte und sogar -sechste. Bei Möbeln haben wir zum Beispiel Behome.com, Decoratewithstyle.com, Dwr.com, Furniture.com, FurnitureFind.com, Furnitureonline.com, HomeDecorators.com, HomePortfolio.com, Housenet.com, Living.com gefunden und viele andere, die niemand kennt.

Heißt das, dass sich die Kategorie Möbel von den Büchern unterscheidet? Dass es zwar in der Kategorie Möbel verschiedene Marken geben kann, dass aber die Kategorie Bücher von nur einer Marke, nämlich Amazon.com, beherrscht wird?

Keineswegs. Es bedeutet nur, dass es im Segment Möbel derzeit keinen eindeutigen Marktführer gibt. Was morgen sein wird, ist eine andere Sache! Aller Wahrscheinlichkeit nach wird sich eine Möbelmarke von den anderen absetzen und dann die Kategorie beherrschen. Was bei den Büchern passiert ist, wird wahrscheinlich auch bei den Möbeln geschehen.

Die Geschichte erklärt dieses Phänomen. Im Jahr 1910 gab es in den USA 508 amerikanische Autohersteller. Heute sind es nur noch zwei: General Motors und Ford.

1985 gab es noch fast 100 Firmen, die Diskettenlaufwerke herstellten. Heute sind ganze zwei von ihnen übrig geblieben, Quantum und Seagate. Sie dominieren den Markt für Diskettenlaufwerke weltweit.

1990 gab es noch rund 200 Unternehmen, die PCs produzierten. Heute teilen sich zwei Marken (Compaq und Dell) diese Kategorie.

In der realen Welt nennen wir diesen Prozess »das Gebot der Dualität«. Auf lange Sicht werden zwei Marken die Kategorie dominieren und die dritte Marke unter einen enormen Druck setzen.

• Compaq und Dell dominieren den PC-Markt und setzen die Marke IBM unter Druck. IBM, das im Vorjahr im PC-Geschäft eine Milliarde US-Dollar verlor, gab vor kurzem seine Absicht bekannt, sich aus dem Einzelhandelsmarkt zurückzuziehen.

77

- Coca-Cola und PepsiCola dominieren den Colamarkt und nehmen damit die Marke Royal Crown in die Zange. RC-Cola verliert immer mehr Marktanteil.
- Kodak und Fuji sind die Platzhirsche des Fotofilmmarkts. Sie drängen Agfa praktisch aus dem Markt und seine Filme aus den Regalen.

Marken, die irgendwo unter »ferner liefen« rangieren, haben auch für die Zukunft nichts Gutes zu erwarten. Mit der Zeit entschwinden die Chancen ins Nirwana. Die Marktführer zementieren sich in ihren Positionen ein. Je länger eine Marke irgendwo am Boden dümpelt, desto unwahrscheinlicher ist es, dass sie je zu einem Höhenflug ansetzt.

Ersetzen Sie »Dualität« durch »Singularität«, und Sie haben eine langfristige Sicht des Internets. Der friktionsfreie Einzelhandel hat die zweitstärkste Marke überflüssig gemacht.

Nehmen Sie nur die Bücher. Werden Borders.com oder bn.com Amazon je überflügeln? Wohl nicht, es sei denn, Amazon.com begeht einen fatalen Fehler.

Werden Borders.com oder bn.com je zu Amazon.com aufschließen? Auch das ist unwahrscheinlich. Viel wahrscheinlicher ist es, dass Amazon.com seinen Anteil am Online-Buchhandel ausbauen und sowohl Borders.com als auch bn.com unter massiven Druck setzen wird. Hier wirkt wieder das Gebot der Singularität.

Aber es ist trotzdem noch nicht aller Tage Abend: Amazon.com ist dabei, einen wesentlichen Fehler zu begehen, der seinen Konkurrenten die Tür öffnen wird (siehe unumstößliches Gebot Nr. 9).

Gibt es dann überhaupt Hoffnung für eine Marke, die über den zweiten Platz nicht hinauskommt? Aber ja. Vom Gesichtspunkt des strategischen Denkens ist es jedoch empfehlenswert, die Situation zunächst einmal kühl zu betrachten.

Das Unmögliche ist möglich. Wenn es unmöglich zu sein scheint, dass es Ihnen gelingt, direkt zu Amazon.com aufzuschließen – dann müssen Sie einen Schritt zurücktreten und es mit einem anderen Ansatz versuchen.

Worin könnte dieser Ansatz bestehen? Wenn die Gebote des Branding unumstößlich sind (und das sind sie unserer Meinung nach), müssen Sie genau dasselbe tun, was Amazon.com tat. Sie müssen Erster in einer neuen Kategorie werden.

Sie können sich immer die Chance schaffen, Erster in einer neuen Kategorie zu werden. Dazu brauchen Sie sich nur zu fokussieren und sich auf ein Segment des Marktes zu konzentrieren. Das ist alles.

Anstatt die Site von Amazon.com nachzuahmen, wären Borders.com und bn.com besser beraten, ihre Linsen scharf zu stellen und sich auf eine bestimmte Kategorie von Büchern zu konzentrieren. Zum Beispiel auf Wirtschaftsbücher.

Das bringt uns zum Gebot des Entweder-Oder. Wenn das Web sowohl für Borders als auch für Barnes & Noble ein Geschäft sein soll, müssen sie ihren Websites zunächst einmal andere Namen geben. Mit den bestehenden Namen wird es ihnen schwer fallen, sich eine Identität im Web zu schaffen, die sich von ihrer Identität in der realen, physischen Welt unterscheidet. Auch hier gilt: Vor Markenerweiterung wird gewarnt!

Tatsächlich versuchen mehrere Internetfirmen, in Konkurrenz zu Amazon.com zu treten, indem sie genau das tun, was wir vorschlagen, nämlich sich zu fokussieren:

• Alibus.com in der Kategorie der antiquarischen Bücher,
• Medsite.com in der Kategorie der medizinischen Bücher,
• Varsitybooks.com in der Kategorie der Lehrbücher.

In jeder dieser Kategorien gibt es natürlich eine Reihe anderer Internetmarken. Welche Marke wird also als Sieger hervorgehen? Das wird nicht unbedingt die Marke sein, die als Erste auf dem Markt war, und auch nicht diejenige, die als Erste profitabel war. Den Sieg wird die erste Marke davontragen, der es gelingt, sich im Bewusstsein der Kunden einen festen Platz zu sichern. Dann tritt das Gebot der Singularität in Kraft und hemmt die Konkurrenz. Nichts ist so erfolgreich wie der Erfolg.

Wenn Sie eine Internetmarke aufbauen, müssen Sie zuerst an die Kategorie und dann an die Marke denken. Die Kunden interessieren sich nicht in erster Linie für Unternehmen, Marken oder auch nur für Websites. Sie interessieren sich vor allem für Kategorien. So kaufen sie zum Beispiel keinen Volvo der Marke wegen. Sie kaufen einen Volvo, um ein sicheres Auto zu haben. Volvo ist Marktführer in der mentalen Kategorie namens »sichere Autos«.

Was ist ein Chevrolet? In Wahrheit ist ein Chevrolet ein großes oder ein kleines, ein billiges oder ein teures Auto, oder ein Kleinlaster. Ein Grund für den stetigen Rückgang des Umsatzes von Chevrolet liegt in der Tatsache, dass General Motors es verabsäumt hat, eine mentale Kategorie zu schaffen, für die Chevrolet stehen soll.

Wenn Sie die führende Position einer Kategorie erlangen wollen, müssen Sie Ihren potenziellen Kunden zuerst mitteilen, um welche Kategorie es sich handelt. Nehmen wir ein zweiseitiges Inserat, das vor kurzem im *Harvard Business Review* erschien. Das ganze Inserat bestand insgesamt aus nur 15 Wörtern. So sah es aus:

The internet is a blank canvas.
You hold the brush.
intendchange.com
intendchange
image • build • reinvent

(Das Internet ist eine leere Leinwand.
Sie haben den Pinsel in der Hand.
abwechslungwollen.com
abwechslungwollen
vorstellen • aufbauen • neu erfinden)

Kann der Leser dieses Inserats von Intendchange.com auch nur eine vage Vorstellung davon haben, um welche Kategorie es sich handelt? Wir bezweifeln es. Es kann nie schaden, dem Leser genau zu sagen, an welcher Stelle seines Bewusstseins er Ihren Markennamen »ablegen« soll. Unter Bücher, Auktionen, Reisen, Flugtickets, Kosmetik, Kleidung, Suchmaschinen, was auch immer.

»Der größte Buchladen der Welt« umreißt nicht nur die Kategorie für Amazon.com, sondern stellt auch einen starken Führungsanspruch in dieser Kategorie. »Vorstellen, aufbauen, neu erfinden« tut keines von beidem.

Noch einmal: Lassen Sie sich nicht entmutigen, wenn Sie in einer Kategorie nicht die dominierende Marke sind, sondern kanalisieren Sie Ihre Branding-Bestrebungen einfach in eine andere Richtung. Fokussieren Sie sich.

Sie können auf jeden Fall eine starke Marke schaffen, indem Sie ein Segment des Marktführers herausgreifen und sich darauf konzentrieren. Das Internet ist ein riesiges Medium. Die Möglichkeiten, sich zu fokussieren, sind unbegrenzt.

In der realen Welt sind viele stark fokussierte Marken in der Konkurrenz zum Marktführer außerordentlich erfolgreich.

Anfang der 8oer Jahre war IBM das mächtigste Unternehmen der Welt. Es verdiente am meisten Geld und hatte den besten Ruf. IBM war auch das erste Unternehmen, das einen ernst zu nehmenden 16-Bit-Büro-PC, den IBM PC, auf den Markt brachte. Und – ist IBM heute der Marktführer bei PCs? Nein. Das ist Dell Computer.

Im Gegensatz zu IBM stellt Dell nur ein Produkt (PCs) her, das es an ein Segment (die Geschäftswelt) vermarktet und über einen Vertriebskanal (direkt an die Konsumenten) verkauft. Heute verkauft Dell mehr PCs als IBM. Weniger kann manchmal mehr sein.

Was Dell bei PCs gelang, schaffte Sun Microsystems bei Workstations. Indem Sun sich auf UNIX-Workstations konzentrierte, konnte es eine starke Marke und ein extrem profitables Unternehmen aufbauen. Sie brauchen keine ganze Produktpalette, um erfolgreich zu sein.

Wenn das Web älter wird, wird es natürlich auch »Zweitmarken« Chancen bieten. Aber bis dahin müssen Sie die führende Marke Ihrer Kategorie sein. Oder Sie verengen Ihren Fokus und schaffen dadurch eine neue Kategorie, in der Sie führend sein können.

6
Das Gebot der Werbung

*Werbung außerhalb des Internets wird viel größere
Bedeutung haben als Werbung im Netz*

Der Tod und die Steuern – das pflegten die einzig feststehenden Dinge im Leben zu sein. Heute gibt es noch etwas Drittes: die Werbung.

Werbung umgibt uns überall. Wohin wir uns auch wenden, sehen wir uns mit Werbebotschaften konfrontiert. Vom Fernsehen über Taxis bis hin zu T-Shirts. Von Plakatwänden über Busse bis hin zu öffentlichen Toiletten. In manchen Kreisen gelten Lifte als nächstes »heißes« Werbemedium.

Jedes Autorennen, jedes Golfturnier und jedes Tennismatch wird von einer Firma gesponsert. Alle großen Bowlingturniere sind bereits in festen Händen, vom Hooters Hula Bowl in Hawaii bis zum AT&T Rose Bowl in Pasadena und dem Nokia Sugar Bowl in New Orleans.

Die Sportarenen im Land verkaufen ihre Namen rundum zu Werbezwecken. In San Francisco wurde der ehemalige Candlestick Park in 3Com Stadium umbenannt. Das Washington's Redskins' Landover Stadium heißt heute FedEx Field. Jetzt steigen auch die Internetunternehmen groß ein. The Baltimore Ravens verkauften die Rechte, ihrem National Football League Stadium einen Namen geben zu dürfen, auf 20 Jahre für 93,5 Millionen US-Dollar an PSINet.

Aber die Mutter aller Namensgeschäfte wurde in Atlanta abgewickelt. Die Namensrechte für das neue Basketball- und Hockeystadion der Stadt wurden in einem Paket mit einem geschätzten Wert von 200 Millionen US-Dollar für

20 Jahre an Philips NV übertragen. (Die Errichtung der neuen Philips-Arena kostete dagegen nur 140,5 Millionen US-Dollar.)

Wenn der Name des Stadions mehr wert ist als das Stadion selbst, müssen wir daraus schließen, dass wir in einer Welt der Werbung leben.

Die traditionellen Medien sind natürlich mit Werbung gesättigt – und das schon, seit wir uns erinnern können. Das durchschnittliche Magazin besteht zu 60 Prozent aus Werbung, die durchschnittliche Zeitung zu 70 Prozent. Aber die Printmedien werden wenigstens zum Teil von ihren Abonnenten erhalten. Radio und Fernsehen werden fast zur Gänze von ihren Werbeerträgen finanziert.

Dabei handelt es sich um hohe Summen. Allein im Jahr 1999 gaben die Firmen 49 Millionen US-Dollar für Fernsehwerbung und 17 Millionen US-Dollar für Radiowerbung aus.

Das Kabelfernsehen galt einst als erstes werbefreies Kommunikationsmedium. Dieser Zustand hielt aber nicht lange an. Heute ist im Kabelfernsehen mehr Werbung zu sehen als im normalen.

Da hinter jedem verfügbaren Werbemedium Milliarden von US-Dollar her sind, kann man es den Internetleuten nicht verdenken, dass sie versuchen, sich auch ein Stück von diesem Kuchen zu sichern. Das Internet sollte ein weiteres Werbemedium werden, aber größer und besser und letzten Endes profitabler als das Fernsehen.

Dieses Konzept schien auch aufzugehen – am Anfang jedenfalls: Alle kommerziellen Websites wurden mit Werbung finanziert. Der Plan war ganz einfach: »Wir verschenken den Inhalt, um Verkehr anzulocken, den wir dann benutzen können, um Werbung zu verkaufen.« Genau so, wie Fernsehen und Radio derzeit funktionieren.

Also gab es kostenlose Browser, kostenlose Suchmaschinen, kostenlose E-Mail, kostenlose elektronische Grußkarten und kostenlosen Internetzugang. Sogar kostenlose Telefonate und Steuererklärungen.

Anstatt America Online 21,95 US-Dollar pro Monat zu bezahlen, können Sie sich nun bei Net Zero anmelden und denselben Service gratis bekommen. Der Haken an der Sache: Sie müssen einen Fragebogen ausfüllen, in dem Sie demografische Informationen preisgeben und sich verpflichten, sich von einer Flut von Werbematerial bombardieren zu lassen.

Es gibt im Netz sogar Gratisbier. Miller Brewing verschenkt zwei Millionen elektronische Coupons, für die man jeweils einen Sechserpack einer beliebigen Miller-Biermarke erhält.

Die großartige Füllhornzeit des Internets erreichte ihren Höhepunkt, als ein Unternehmen namens Free-PC seinen Plan bekannt gab, 10 000 Compaq-Computer zu verschenken, auf deren Bildschirmen permanent Werbung eingeblendet sein würde. Mehr als eine Million Interessenten meldete sich.

Wenn »gratis« als Lockmittel nicht ausreicht, wie wäre es dann mit »Bezahlung«? Es gibt tatsächlich Websites, die Sie belohnen, wenn Sie sich während des Surfens im Netz mit Werbung berieseln lassen.

AllAdvantage.com bezahlt 50 Cents pro Stunde (bis zu zehn Stunden monatlich). MyPoints.com bezahlt entweder bar oder vergibt Punkte, die gegen Gratisleihfilme, Geschenkzertifikate, Skilifttickets und sogar exotische Urlaube eingetauscht werden können (so surfen Sie heute im Web und morgen in Hawaii).

Es gibt viele Websites, die irgendetwas verschenken. PlanetRx.com verschenkte 672 Palm V Organizer (vier Wochen lang täglich einen pro Stunde). Lycos.com ist ein Portal mit einer Zahlenlotterie, an der Sie viermal täglich teilnehmen können. Wählen Sie einfach sechs Zahlen, und halten Sie sich die Daumen. Sie können einen von 5000 Preisen gewinnen, darunter den Hauptpreis im Wert von fünf Millionen US-Dollar.

Das wirklich große Geld wird von der CBS-unterstützten Website iWon.com unter die Leute gebracht. Das Portal verschenkt täglich 10 000 US-Dollar, einmal pro Monat eine Million US-Dollar und am amerikanischen Steuerstichtag, dem 15. April 2000, coole zehn Millionen. (Erraten! I won …)

Was die Geschenke mit der Website zu tun haben, bleibt ein Geheimnis. Im Gegensatz zu Youbet.com ist iWon.com keine Spielsite, sondern ein Portal, das E-Mail, Suchdienste und Online-Shopping anbietet, ebenso wie Inhalte von CBS-Websites wie SportsLine USA und MarketWatch.com. Das alles wird mit 100 Millionen US-Dollar an CBS-Geld finanziert.

Außer für Geschenke geben viele Sites ein Vermögen für Einführungspartys aus. Pixelon.com, ein kalifornisches Unternehmen, das eine neue Internetsendetechnologie einführen will, brachte 23 Millionen US-Dollar an Risikokapital auf und gab davon zehn Millionen für die Einführungsparty aus. Bei der eintägigen Party, iBash '99 genannt, traten Popgrößen wie The Who, Kiss, Natalie Cole, die Dixie Chicks, Tony Bennett und LeAnn Rimes auf.

Dieser Geldregen soll Millionen von Webbesuchern anlocken, die dann als bewegliches Eigentum an andere Firmen verkauft werden können. Tatsache ist, dass die Internetbetreiber hoffen, dass die Werbereichtümer bald auf sie herabregnen werden. Forrester Research, eine Hightechberatungsfirma, prognostiziert, dass die Werbeausgaben im Internet von zwei Milliarden US-Dollar im Jahr 1999 im Jahr 2004 auf 22 Milliarden US-Dollar oder acht Prozent der Gesamtausgaben emporschnellen werden. Das hieße, dass das Internet das Medium Magazin überholen und mit dem Radio gleichziehen würde.

Glauben Sie kein Wort. Das Internet wird das erste neue Medium sein, das nicht von Werbung dominiert sein wird.

Lassen Sie uns diesen Satz wiederholen: Das Internet wird das erste neue Medium sein, das nicht von Werbung dominiert sein wird – und der Grund dafür ist einfach.

Das Internet ist ein interaktives Medium. Zum ersten Mal in der Geschichte sagt der Benutzer, wo es langgeht, nicht der Eigentümer des Mediums. Der Benutzer kann entscheiden, wohin er gehen, was er sich ansehen und was er lesen will. Auf vielen Sites kann der Benutzer entscheiden, welche Materialien er auswählt und wie er sie anordnet, damit sie seinen Interessen bestmöglich dienen.

Werbung ist nichts, was die Leute gern sehen oder hören. Die meisten haben einen leichten Widerwillen dagegen. Sie betrachten sie als Verletzung ihres Reviers, ihrer Privatsphäre. »Junk Mail«, also »Müllpost«, ist der gängige Ausdruck für Direktmail-Werbung.

(Wenn Magazine interaktiv wären, würden die Leser als Erstes den redaktionellen Inhalt nach vorn und die Werbung nach hinten stellen.)

Am Anfang waren die Leute natürlich neugierig auf dieses neue Medium namens Internet. Und sie klickten gerne auf jede Banneranzeige, um zu sehen, was sich dahinter verbarg.

Aber die Zeiten ändern sich. Studien zufolge sinkt die Zahl der Leute, die Internetanzeigen anklicken, ständig. Laut Nielsen/NetRatings, das die Effektivität von Internetwerbung ständig untersucht, sank die Klickrate innerhalb eines Jahres von 1,35 Prozent auf die Hälfte dieses Werts.

Auch die Internetwerbung ist rückläufig – ebenfalls kein Zeichen für ein gesundes Medium. Laut einer Forschungsgesellschaft sind die Kosten für Banneranzeigen von 20 US-Dollar pro 1000 Banner im letzten Jahr auf zehn US-Dollar gefallen.

Der größte Inserent im Internet war im Vorjahr General Motors, das 12,7 Millionen oder 0,5 Prozent (!) seines Gesamtwerbebudgets von 2,12 Milliarden US-Dollar im Internet ausgab. (Aber all diese Werbung half GM nicht viel. Sein Anteil am US-Inlandsmarkt fiel im Vorjahr auf 29,9 Prozent, den niedrigsten Stand seit den 1930er Jahren.)

Ein Anzeichen für die Einstellung der Internet-User zur Werbung ist der rasante Anstieg an Werbeblockierungssoftware. Programme mit Namen wie At Guard, Junkbuster Proxy, Intermute und Web Washer verhindern das Erscheinen der Anzeigen am Bildschirm des Users. Oft sorgen sie dadurch auch für eine höhere Geschwindigkeit, weil sie Dateien mit Werbung voller Grafiken überspringen, sodass das Herunterladen stark beschleunigt wird.

Sogar die zwei Milliarden US-Dollar, die derzeit angeblich jährlich in die Internetwerbung fließen, sind zu bezweifeln. Sie beinhalten die Provisionen, die an Unternehmen wie Doubleclick, den führenden Verkäufer von Anzeigen im Netz, bezahlt werden.

Doubleclick hat den richtigen Namen gewählt. Anstelle der normalerweise üblichen 15 Prozent Provision nimmt Doubleclick 35 bis 50 Prozent des Preises der verkauften Internetwerbung. Vielleicht sollte sich die Firma auf Tripleclick umbenennen.

Nicht alle Werbeeinnahmen im Internet repräsentieren echtes Geld. Manche Sites tauschen die Anzeigen untereinander, sodass jede Dotcom-Adresse Werbeeinnahmen verzeichnen kann. (Das Kind, das einen 50 000 Dollar teuren Hund gegen zwei 25 000 Dollar teure Katzen tauscht, erzielt nicht wirklich 50 000 US-Dollar Ertrag.)

Lassen Sie sich von den offensichtlichen Analogien zu den Print- und Rundfunkmedien nicht in die Irre führen. Das Internet ist nicht einfach ein weiteres Medium. Wenn es das wäre, wäre es nicht das revolutionäre Medium, für das es viele, darunter auch wir, halten.

Das Internet ist unserer Meinung nach ein revolutionäres neues Medium. Deshalb sollten Sie mit einer Revolution rechnen, nicht einfach mit einer Wiederholung der Vergangenheit.

War das Fernsehen ein revolutionäres neues Medium? Eigentlich nicht. Veränderte es unser Leben auf irgendeine signifikante Weise? Eigentlich nicht. Nicht einmal die hoch gerühmten Home-Shopping-Netzwerke des Fernsehens bewirkten nennenswerte Veränderungen. »Radio mit Bildern« war das Urteil vieler Kommentatoren.

Beides auf einmal geht nicht. Das Internet kann nicht ein revolutionäres neues Medium sein und ganz genau so funktionieren wie die traditionellen Medien. Worin, bitte, liegt das Revolutionäre?

Ganz klar: Das Internet ist interaktiv, und das ist das Revolutionäre daran. Zum ersten Mal hat der Benutzer die Zügel in der Hand, nicht der Eigentümer des Mediums. Und das, was der Benutzer auf keinen Fall will, sind weitere Werbepfeile, die in seine Richtung abgeschossen werden.

Die Leute wollen Information. Preise, Abmessungen, Gewicht, Lieferdaten, Produktvergleiche. Das alles in einem interaktiven Format.

Wir wollen damit nichts gegen Werbung sagen. Ganz im Gegenteil. Das Internet wird weiterhin enorme Werbezuwächse hervorbringen, allerdings nicht im Netz selbst – dort ist Werbung wie gesagt rückläufig –, sondern in der realen Welt. Dabei wird es sich um »Tune-in«- oder besser gesagt um »Type-in«-Werbung handeln, die Sie auffordern wird, die Namen bestimmter Internetadressen einzugeben.

Das Internet hat die Werbung außerhalb des Netzes bereits beflügelt, vor allem im Radio und im Fernsehen. Die Erträge der Fernsehwerbung stiegen 1999 um vier Prozent und die der Radiowerbung sogar um zwölf Prozent. Jeder, der fernsieht oder Radio hört, hat den steilen Anstieg der einschlägigen Werbeeinschaltungen registriert. (Vor allem das Radio glüht vor Werbung. Dieses Medium verzeichnet seit drei Jahren ununterbrochen dreistellige Werbezuwächse.)

»Der Zweck eines Dotcoms«, scherzt Michael Murphy, »besteht darin, Geld von Risikokapitalgebern zu Werbeagenturen zu verschieben.«

Der Grund, warum das Internet einen so dramatischen Anstieg der Werbeintensität außerhalb des Netzes mit sich gebracht hat, hat mit der Natur des menschlichen Bewusstseins zu tun.

Eines der bemerkenswertesten Charakteristika des menschlichen Bewusstseins ist die Fähigkeit zu vergessen. Ein Computer vergisst nie etwas. Ein Flugzeug mit 200 Menschen an Bord stürzt ab, und die ganze Welt ist entsetzt.

Schadet das der Reputation der Airline? Auf kurze Sicht ja, langfristig nein. Die Menschen vergessen.

Schneidet American Airlines in Bezug auf Sicherheit besser ab als United oder Delta? Wer kann das schon wissen, außer den Führungskräften dieser drei Fluglinien?

Es gibt aber Dinge, die werden niemals vergessen. Eine gemeine Beleidigung in der Schule. Von einem/einer Geliebten verlassen zu werden. Entlassen zu werden. Alles hängt von dem emotionalen Eindruck ab, den ein Ereignis auf die betroffene Person macht.

Jemand, der sich an alle Einzelheiten eines peinlichen Vorfalls erinnern kann, der Jahrzehnte zurückliegt, weiß andererseits vielleicht nicht mehr, welche Farbe der Slip hat, in den er heute Morgen geschlüpft ist.

Internetmarken leiden unter der Fähigkeit des Bewusstseins zu vergessen – und das auf zwei Weisen. Erstens ist die Marke nicht täglich sichtbar. Viele Marken der physischen Welt profitieren von der täglichen Dosis visueller Verstärkung. Shell, Starbucks, Mobil, Coca-Cola, McDonald's, Tylenol. Es gibt buchstäblich Tausende Marken, die wir jeden Tag auf Plakaten sehen, sei es an der Autobahn, im Supermarkt oder im Drogeriemarkt.

Eine Internetmarke erscheint hingegen niemals, wenn Sie sie nicht dazu veranlassen. Aus den Augen, aus dem Sinn.

Zweitens leiden Internetmarken (wie die meisten Marken) unter einem Mangel emotionaler Anteilnahme. Manche Leute verlieben sich in eine Marke – die meisten tun es nicht.

Für die meisten Leute ist eine Marke nichts anderes als eine Qualitätsgarantie und eine Möglichkeit, Zeit zu sparen. Eine Methode, um sicherzustellen, dass die Produkte, die sie kaufen, in Ordnung sind, ohne dass sie unverhältnismäßig viel Zeit aufwenden müssen, um ein Produkt mit einem anderen zu vergleichen. Es gibt nicht besonders viele Leute, die sich in eine Flasche Heinz-Ketchup verlieben. Deshalb muss sich Heinz, um die Marke am Leben zu erhalten, Sichtbarkeit in den Regalen der Supermärkte und auf den Restauranttischen verschaffen.

Was braucht eine Internetmarke, um am Leben zu bleiben? Sie braucht ebenfalls Sichtbarkeit in der realen oder physischen Welt.

Die beste und kosteneffektivste Möglichkeit zur Erreichung von Sichtbarkeit ist Publicity. Die erste Marke einer neuen Internetkategorie genießt normalerweise einen warmen Publicity-Schauer. Amazon.com, Priceline.com und Bluemountain.com sind gute Beispiele dafür.

Manche Sites können ständig Publicity generieren. Die verrückten Auktionen, die täglich auf eBay stattfinden, sind die Quelle nie versiegender Geschichten. Eine vor kurzem erschienene Schlagzeile des *National Enquirer:* »Er kaufte auf einem Flohmarkt für drei Dollar ein Einmachglas und verkauft es nun für 44 000.« (Bei eBay natürlich.)

Das Internet selbst wird eine enorme Zunahme an PR-Aktivitäten verursachen. »Wie das Netzwerk-TV das Werbegeschäft aufbaute«, sagt Ray Gaulke, Präsident der Public Relations Society of America, »hat die Internettechnologie das Potenzial, das PR-Geschäft drastisch zu steigern.«

Früher oder später werden viele Internetmarken ihr Publicity-Potenzial jedoch erschöpft haben. An diesem Punkt werden sie ihren Schwerpunkt von Publicity zu Werbung verlagern müssen. Wie sonst sollen sie eine unsichtbare Internetmarke am Leben erhalten?

Publicity als Erstes, Werbung als Zweites, lautet die allgemeine Regel jedes Markenaufbauprogramms, vor allem für Internetmarken. (Eine viel eingehendere Diskussion über die Beziehung zwischen Publicity und Werbung findet sich in unserem letzten Buch, »Die 22 unumstößlichen Gebote des Branding«.)

Wenn das Internet erwachsen wird, werden wir eine Explosion der Werbung in der realen Welt erleben. Und ein Großteil dieser Werbung wird versuchen, Kunden für Internetmarken zu gewinnen.

Insbesondere das Radio wird sich als wichtiges Medium für die Dotcom-Werbung entpuppen. Die oft zitierte negative Seite des Radios, das Fehlen von Bildern, ist für eine

Internetmarke kein Nachteil. Internetmarken haben keine visuellen Attribute. Keine drei Streifen, an denen man adidas, kein Kühlergrill, an dem man einen Mercedes erkennt. Das Einzige, was Sie sich merken müssen, um sich in eine Site einzuloggen, ist der Name.

Im Internet ist der Name alles. Ein verbales Medium wie das Radio eignet sich wunderbar, um den Hörern einen Namen einzuhämmern. Zusammenfassend könnte man sagen, dass Werbung lebenswichtig sein könnte, um potenzielle Kunden auf Ihre Site zu locken, aber wenn sie einmal da sind, haben Sie keine Chance, sie als Kanonenfutter für Ihre Werbebotschaften verwenden zu können.

Im Internet regiert die Interaktivität. Werbung ist etwas, mit dem sich potenzielle Kunden abfinden, und nicht etwas, was sie suchen würden. Die Interaktivität gibt ihnen die Möglichkeit zu wählen, und unserer Meinung nach werden die meisten Leute diese Wahlmöglichkeit dazu nutzen, die Werbung aus- und die Informationen einzuschalten.

Wenn Sie eine Marke im Netz aufbauen wollen, brauchen Sie gar nicht erst zu versuchen, Werbung auf Ihre Website zu bringen.

Machen Sie Ihre Marke zu einer Quelle der Information, die die Kunden nirgendwo sonst finden können. Oder zu einem Ort, an dem sie Dinge kaufen können, die nirgendwo sonst angeboten werden. Oder zu einem Ort, wo sie Dinge zu Preisen kaufen können, die ihresgleichen suchen. Oder zu einem Ort, an dem sie Menschen treffen können, auf die sie anderswo nicht stoßen würden.

Versuchen Sie nicht, auf Ihrer Site Werbung zu bringen, die die Leute schon von der Zeitung oder aus Magazinen kennen oder die sie im Radio gehört oder im Fernsehen gesehen haben.

Das Internet ist ein revolutionär neues, interaktives Medium. Und wenn die Leute die Möglichkeit haben, mit Werbung zu interagieren, tun sie meist eines: Sie schalten sie ab.

7
Das Gebot der Globalisierung

*Das Internet wird alle Grenzen, alle Schranken und
alle Barrieren niederreißen*

Einer der wichtigsten Faktoren, die die globale Wirtschaft
der 90er Jahre des vorigen Jahrhunderts vorantrieben, war
der Zusammenbruch des Kommunismus Ende der 80er Jahre. Anstatt in einer Welt zu leben, die in zwei Lager gespalten war, saßen plötzlich alle in einem Boot.

Anstatt sich gegenseitig zu beleidigen, begannen die
großen Länder der Erde, Produkte und Dienstleistungen miteinander auszutauschen.

Aber was war die Ursache für den Untergang des Kommunismus? Unserer Meinung nach war es nicht die massive militärische Front, die der Westen aufgebaut hatte und
die für Verteidigungszwecke notwendig gewesen sein mag.
Unserer Meinung nach war es das Fernsehen.

Wenn Sie die UdSSR vor ihrem Niedergang besuchten,
erkannten Sie, dass die Bevölkerung unter starken Publicity-Druck gesetzt war; man redete ihr ein, dass in der Sowjetunion alles besser sei. Freie Gesundheitsversorgung, Jobs für
alle, Wohnungen für alle.

Dem Besucher bot sich ein anderes Bild. Es gab jede Menge Rubel, aber nichts zu kaufen, wie man mit einem Blick
auf die nahezu leeren Regale in den Geschäften mühelos feststellen konnte. Nicht zu reden von den langen Schlangen,
die sofort entstanden, wenn ein Geschäft eine Lieferung
eines begehrten Artikels erhielt.

Die sowjetischen Behörden versuchten natürlich zu verhindern, dass westliche Zeitungen und Magazine über die Grenzen des Landes gelangten – aber den westlichen Fernsehsignalen konnten sie nicht Einhalt gebieten.

Das Fernsehen brachte den Menschen in der Sowjetunion die Wahrheit. Als sie sahen, was es an Gütern und Dienstleistungen in den westlichen Ländern gab, verloren sie das Vertrauen in den Kommunismus.

»Das Medium ist die Botschaft«, lautet ein berühmter Ausspruch von Marshall McLuhan. Wenn man »Botschaft« einfach als »Inhalt« oder »Information« definiert, entgehen einem die wichtigsten Merkmale jedes Mediums: seine Kraft, den Verlauf und die Funktion menschlicher Beziehungen und Aktivitäten zu verändern.

Die Botschaft des Mediums Fernsehen lautete: »Kapitalismus«. Und da die Sowjetunion von Fernsehsignalen aus dem Westen infiltriert wurde, gab es keine Möglichkeit mehr, den Kommunismus am Leben zu erhalten. Er musste einer Marktwirtschaft auf der Grundlage freien Unternehmertums Platz machen. Das Fernsehen trug buchstäblich dazu bei, den Verlauf der menschlichen Geschichte zu ändern.

Wie lautet die »Botschaft« des Mediums Internet? Wir sind davon überzeugt, dass die Botschaft »Globalisierung« lautet. Das Internet wird die Bürger der Welt letzten Endes in einer verbundenen globalen Wirtschaft einen. »Das globale Dorf«, wie McLuhan es ausdrückt.

Mag sein, dass sich die Globalisierung als größter Trend des 21. Jahrhunderts erweisen wird. Das Internet hat das globale Dorf hervorgebracht. Das Medium ist die Botschaft.

Auf die USA, wo 37 Prozent der Haushalte ans Internet angeschlossen sind, entfällt der Löwenanteil der Internetnutzung. Aber andere Länder holen auf. In Finnland haben 23 Prozent aller Haushalte Zugang zum Netz, in Schweden 18 Prozent. In Großbritannien sind es 14 Prozent und in Europa insgesamt neun Prozent.

Die Zahl der Internetanschlüsse in Japan verdoppelte sich im Jahr 1999 nahezu. Sie stieg von sechs auf elf Prozent. Wenn unsere Erfahrung in den USA eine Richtlinie sein kann, ist davon auszugehen, dass die Zahl der User in den entwickelten Ländern der Welt explodieren wird. Wenn das passiert, wird die Welt zu einem großen, globalen Markt werden.

Das Potenzial ist ungeheuer groß. Die USA sind die bei weitem größte Volkswirtschaft der Welt mit dem höchsten Ausstoß von Gütern und Dienstleistungen und dem höchsten Lebensstandard. Aber in den Vereinigten Staaten leben nicht einmal fünf Prozent der Weltbevölkerung – und dieser Prozentsatz nimmt ständig weiter ab.

Wenn Sie in der amerikanischen Wirtschaft tätig sind, wo liegt dann Ihre Chance? Im inländischen Markt oder in den 95 Prozent der restlichen Welt, deren Bewohner nicht in einem der 50 US-Staaten leben?

Es liegt auf der Hand, dass der globale Markt für fast alle US-Unternehmen eine weit größere Bedeutung haben wird als der Inlandsmarkt. Das wird nicht über Nacht passieren, aber passieren wird es.

Bis dahin ist es aber noch ein langer Weg. Derzeit exportieren die Vereinigten Staaten nur 20 Prozent ihres Bruttosozialprodukts. (Sie exportieren auch Kapital in andere Länder, in denen das Geld zum Aufbau von Anlagen, Vertriebssystemen und – am wichtigsten von allen – Marken verwendet wird.)

Was die amerikanische Wirtschaft auf globaler Ebene so stark macht, sind nicht die physischen Produkte oder Anlagen oder die Systeme, sondern es sind die Marken selbst: Microsoft, Intel, Dell, Cisco, Coca-Cola, Hertz. Diese und andere amerikanische Marken dominieren weltweit viele Kategorien.

Dies ist allerdings keine Einbahnstraße. Das Internet bietet nicht nur die Möglichkeit, amerikanische Marken und die amerikanische Kultur ins Ausland zu exportieren. Das Gegenteil wird genauso der Fall sein. Es ist in vielen Kategorien bereits im Gange.

- Während McDonald's amerikanisches Fastfood rund um die Welt getragen hat, sind viele Amerikaner Anhänger der italienischen, mexikanischen, chinesischen, französischen und japanischen Küche geworden.

- Zwar hat Disney vor einiger Zeit einen Vertrag für einen neuen Themenpark in Hongkong unterschrieben, doch die beliebtesten Figuren bei den amerikanischen Kindern sind nicht Mickey Mouse oder Donald Duck, sondern Pokémon aus Japan.
- Starbucks ist ein Café in europäischem Stil, verbrämt mit einem amerikanischen Markennamen.
- Evian aus Frankreich löste den Trend zu abgefülltem Markenwasser aus, das in den Vereinigten Staaten zu einem riesigen Marktsegment geworden ist.
- Volkswagen und Toyota initiierten die Tendenz zu kleineren Autos in den USA.
- Mercedes-Benz und BMW aus Deutschland brachten mit Erfolg kleinere Luxusautos in den USA ins Rollen.
- Im Hochpreissektor des Marktes hatten Wein aus Frankreich, Uhren aus der Schweiz und Bekleidung aus Italien ähnliche Auswirkungen auf den amerikanischen Markt.

Amerika war seit jeher ein Schmelztiegel der Menschen, aber es ist auch zu einem Schmelztiegel von Produkten aus aller Welt geworden. Mit dem Aufstieg des Internets wird sich dieser Trend noch beschleunigen. Das Medium ist die Botschaft.

Viele amerikanische Websites wickeln bereits einen beträchtlichen Teil ihres Geschäfts außerhalb der Vereinigten Staaten ab. Mit dem Kauf zweier europäischer Konkurrenten katapultierte sich Amazon.com in die Position des führenden Online-Buchhändlers in Großbritannien und Deutschland. Das Geschäft außerhalb der Vereinigten Staaten macht derzeit rund 22 Prozent des Umsatzes von Amazon aus.

Das ist aber nur ein Tropfen im Meer. Das Potenzial ist viel, viel größer. Was die Postzustellung für den Katalog von Sears, Roebuck war, wird das Internet für die amerikanische Geschäftswelt sein. Oder eigentlich für alle Unternehmen, gleich in welchem Teil der Welt. Das Internet verwandelt die Welt in ein einziges, riesiges Einkaufszentrum.

Aber wie in jedem Einkaufszentrum kann man auch im Internet nicht gewinnen, indem man einfach das bessere Produkt oder die bessere Dienstleistung anbietet. Man braucht eine bessere Marke.

Die langfristigen Gewinner im Internet werden jene Marken sein, die Grenzen überschreiten. Das ist ein weiteres Argument gegen generische Namen.

Was bedeutet Furniture.com in Südamerika? Sicher nicht *muebles*, das spanische Wort für Möbel. Oder *mobiliário*, das portugiesische Wort für denselben Begriff.

Amazon.com wird in fast jedem Land der Welt mit der Kategorie *Bücher* assoziiert. Aber bei Books.com ist dies nur in fünf Prozent der Welt der Fall, eben dort, wo Englisch gesprochen wird.

Wenn sich die Welt in Richtung eines globalen Markts bewegt, werden die Unternehmen ihre nationalen Identitäten abschütteln und sich in Richtung Marken mit globalen Identitäten bewegen müssen?

Nicht unbedingt. Jede Marke, auch eine globale, muss – wie ein Mensch – von irgendwo her kommen. Ganz gleich, wo sie hergestellt, vermarktet oder verkauft wird. Anders ausgedrückt: Sogar eine globale Marke braucht eine nationale Identität.

• Burger King ist eine globale Marke mit amerikanischer Identität.
• Volvo ist eine globale Marke mit schwedischer Identität.
• Rolex ist eine globale Marke mit Schweizer Identität.

Ein Nissan, der in Amerika von amerikanischen Arbeitern hergestellt wird, ist trotzdem ein japanisches Auto. Ein Nike, der in Malaysia von malaysischen Arbeitskräften gefertigt wird, ist trotzdem ein amerikanischer Markensportschuh.

Was ist wichtiger, das Produkt oder die Marke? Die Tatsache, dass ein Produkt eine nationale Identität haben kann, selbst wenn es niemals in seine »Heimat« kommt, sollte Ihnen sagen, dass die Marke wichtiger ist.

Eigentümer globaler Marken sollten bedenken, dass die nationale Identität ein zweischneidiges Schwert ist. Sie kann ihrer Marke nützen oder schaden, je nach Kategorie.

Amerikanische PCs (die in Asien gebaut werden oder aus asiatischen Teilen bestehen) sind starke Marken auf dem globalen Markt. Amerikanische Autos, ganz gleich, wo sie gebaut werden, sind überall außer in Amerika eher mittelmäßige Marken.

Der globale Markt sagt uns, dass Amerikaner wissen, wie man Computer baut, dass sie aber nicht wissen, wie man Autos baut. Ist das wahr? Einerlei. Wenn es um den Aufbau einer Marke geht, zählt die Wahrnehmung stärker als die Realität.

Es ist schwer genug, die Wahrnehmung eines Unternehmens zu verändern. Es ist einem Unternehmen nicht möglich, das Image eines Landes zu verändern. Wenn Sie Ihre Internetmarke lancieren, sollten Sie versuchen, Ihr Produkt oder Ihre Dienstleistung auf das Image Ihres Landes abzustimmen.

- Wenn wir eine Kleidungssite im Internet einrichten wollten, würden wir wahrscheinlich nach Italien ziehen und der Site einen italienischen Namen geben.
- Wenn wir im Internet Wein verkaufen wollten, würden wir nach Frankreich gehen.
- Wenn wir im Internet Uhren verkaufen wollten, würden wir in die Schweiz gehen.

Das jedenfalls theoretisch. In der Praxis ist es anders. Da wir einiges über die staatlichen Bestimmungen für Wein in Frankreich wissen, würden wir uns stattdessen wahrscheinlich für Chile oder Australien entscheiden.

Aber Achtung: Übersehen Sie die weniger entwickelten Staaten der Welt nicht. Sie bergen ungeheure Chancen für die Entwickler globaler Marken, ganz gleich, wo sie ihren

Sitz haben. In den weniger entwickelten Ländern sind die Einzelhandelsspannen oft größer, es gibt weniger Produkte auf dem Markt und sogar weniger Produkte in den Auslagen.

Für die Menschen in einigen dieser Länder sehen viele Internetsites wahrscheinlich aus wie der Katalog von Sears, Roebuck mit Wal-Mart-Preisen.

Ist es unfair, die Menschen in den Entwicklungsländern auszunutzen? Nun, wenn ein besseres Angebot besserer Produkte zu niedrigeren Preisen unfair ist, dann sind wir uns über die Bedeutung dieses Worts wohl nicht im Klaren.

Der Vertrieb der Produkte sollte nicht das Problem sein, das Sie vielleicht befürchten. Per Luftpost kann das Buch, das Sie gerade lesen, in etwa zu dem Preis, der der Einzelhandelsspanne im Buchgeschäft entspricht, an eine Adresse in Indonesien geschickt werden. Und die Kosten werden drastisch sinken, sobald die Globalisierung noch besser in Gang kommt und die Nachfrage nach Luftpost steigt.

Eine echte Barriere für die Globalisierung ist die Bürokratie – Steuern, Abgaben, Zollformulare und jeglicher Papierkram. Das sind die Dinge, die das System verstopfen und es langsam machen. Aber der Fortschritt ist nicht zu stoppen. Mit der Zeit werden auch die Papierbarrieren fallen.

Eine weitere Hürde für die Globalisierung ist die Sprache. Die erste Entscheidung, die der Entwickler einer globalen Marke treffen muss, ist die Entscheidung über die Sprache. Verwenden Sie Englisch, oder lassen Sie Ihre Site in verschiedene Sprachen übersetzen? Richten Sie vollkommen verschiedene Sites für verschiedene Länder ein? (Yahoo! lancierte 1998 Yahoo! en Español und 1999 Yahoo! Brazil.)

Das Übersetzungsproblem kann ziemlich knifflig sein. Wie viele verschiedene Sprachen- und/oder Ländersites sollten Sie entwickeln? Es gibt buchstäblich Tausende Sprachen, die von den sechs Milliarden Menschen in aller Welt gesprochen werden. Wenn Sie nur diejenigen zählen, die von einer signifikanten Zahl (also etwa von einer Million oder mehr) gesprochen werden, kommen Sie noch immer auf 220 verschiedene Sprachen. Um eine wirklich globale Marke zu sein, brauchen Sie Websites in den meisten dieser Sprachen.

Zusätzlich kompliziert wird die Entscheidung durch den langfristigen Trend in Richtung Englisch als *der* Zweitsprache der Welt. In vielen Ländern ist Englisch bereits jetzt die Geschäftssprache.

(Die skandinavischen Niederlassungen eines europäischen Unternehmens halten ihre Meetings zum Beispiel unweigerlich fast ausnahmslos in Englisch ab: Die Vertreter aus Norwegen, Schweden, Finnland und Dänemark sind der anderen Sprachen meist nicht mächtig, aber alle können Englisch.)

Auf lange Sicht werden Sie wahrscheinlich erfolgreiche Beispiele sowohl einsprachiger als auch mehrsprachiger Sites finden. Jede Strategie kann funktionieren. Alles hängt von der Art des angebotenen Produkts oder dem Typ der Dienstleistung ab.

Bei Hightech-Produkten und -Dienstleistungen oder bei Marken, die das Hochpreissegment des Marktes ansprechen, ist die einsprachige Strategie möglicherweise die beste. Cisco.com ist ein Beispiel dafür.

Bei Lowtech-Produkten und -Dienstleistungen oder bei Marken, die den Mainstream-Markt ansprechen, könnte eine Mehrsprachenstrategie das Beste sein. Yahoo! en Español ist ein Beispiel.

(Obwohl bei Yahoo! richtig gedacht wurde, hat die Strategie einen Fehler. Die Erweiterung des Namens erweckt den Eindruck, als sei Yahoo! en Español keine authentische Marke, sondern eine verkleidete Gringo-Marke.)

Behalten Sie jedoch einen wichtigen Grundsatz des Marketings im Auge: Es gibt niemals nur eine Möglichkeit, etwas zu tun. Die meisten Leute ziehen allgemeine Marken vor, aber es gibt trotzdem einen Markt für Hausmarken. Die meisten Leute ziehen Spezialgeschäfte vor, aber es gibt trotzdem einen Markt für Warenhäuser. Die meisten Leute ziehen Cola mit Koffein, normales Bier und normalen Kaffee vor, aber es gibt diese Artikel trotzdem in der »zahnlosen« Version.

Welche Sprachentscheidung Sie auch treffen, Sie können sicher sein, dass es mindestens einen Konkurrenten geben wird, der den entgegengesetzten Weg einschlägt. Was soll's. Sie können nicht jedem gefallen. Es gibt immer mehrere Arten, etwas zu tun.

Wenn Sie schon irren müssen, dann irren Sie bitte zugunsten einer rein englischsprachigen Version. Sie macht einen erhabeneren und schickeren Eindruck. Auch die Zeit wird auf Ihrer Seite sein. Jeden Tag lernen mehr als 10 000 Menschen in nicht englischsprachigen Ländern Englisch. Dazu kommt, dass Englisch die Sprache von über 80 Prozent der auf Computern gespeicherten Informationen ist.

Es gibt auch einen weltweiten Trend zur Verwendung englisch klingender Markennamen, selbst wenn diese Marken in erster Linie in anderssprachigen Ländern verkauft werden.

- *Hollywood* ist der Markenname einer brasilianischen Zigarette und auch eines französischen Kaugummis.
- *Montana* ist der Markenname einer mexikanischen Zigarette.
- *Red Bull* ist der Markenname eines österreichischen Energiedrinks.
- *Boxman* ist der Markenname einer schwedischen Online-Musikgesellschaft.
- *StarMedia* ist der Markenname eines spanisch- und portugiesischsprachigen Webportals.

Wenn Sie die Haupteinkaufsstraße einer beliebigen Großstadt entlangspazieren, werden Sie feststellen, dass viele lokale Geschäfte, die lokal hergestellte Waren in erster Linie an lokale Menschen verkaufen, englische Namen tragen.

In Kopenhagen fiel uns zum Beispiel auf, dass rund die Hälfte der Geschäfte in den Hauptgeschäftsstraßen englische Namen verwenden. Einige davon sind Franchisebetriebe wie McDonald's, Subway und Athlete's Foot. Aber es gibt auch jede Menge lokale Geschäfte mit Namen wie Inspiration, Planet Football und London House.

In einem Einkaufszentrum in Tel Aviv fielen uns fünf Geschäfte hintereinander auf, die folgende Namen trugen: Gold Shop, Happy Tie, Happytime, Royalty und Make Up Forever.

Der Trend zu englischen Namen kommt offensichtlich allen US-Marken zugute. Bevor Sie sich für eine mehrsprachige Site entscheiden, sollten Sie sich fragen, ob aufgrund dieses Trends nicht ein einsprachiger (englischer) Ansatz die beste Wahl für die Zukunft ist.

Manche Leute glauben, dass die Globalisierung eher ein kulturelles als ein sprachliches Problem sein wird. Dass man seine Produkte oder Dienstleistungen an die Kulturen der Länder anpassen wird müssen, in denen man sie verkauft. Wir glauben das nicht.

Inwieweit passten Coca-Cola, McDonald's, Levi Strauss und Subway ihre Marken an die kulturellen Standards der Länder an, in denen sie aktiv sind? Überhaupt nicht, und sie profitierten enorm von dieser Tatsache.

Das Medium ist die Botschaft. Und die Botschaft lautet »Homogenisierung der Kulturen aller Welt«. Das ist Globalisierung. Sie ist weder gut noch schlecht. Sie ist eine Tatsache.

Als StarMedia versuchte, für die Lancierung des ersten globalen Internetportals auf Spanisch und Portugiesisch Kapital aufzutreiben, bekam das Unternehmen die üblichen Argumente zu hören.

»Latinos haben gern persönlichen Kontakt zueinander. Niemand chattet online. Die Menschen wollen telefonieren. Lateinamerikaner sind so unterschiedlich – kein Argentinier wird mit jemandem aus Peru sprechen wollen.«

StarMedia wurde natürlich zu einem Bombenerfolg. Latinos lernten, online zu chatten. Die Leute haben mehr Ähnlichkeiten als Unterschiede, auch wenn die Kulturexperten uns gern etwas anderes einreden möchten.

Die Globalisierung profitiert von einer Reihe technologischer Entwicklungen, insbesondere von Flugzeug und Fax. Aber diese Entwicklungen verblassen im Vergleich zu den Veränderungen, die das Internet bringen wird.

Schnallen Sie sich also an, und bereiten Sie sich auf die Fahrt Ihres Lebens vor.

8
Das Gebot der Zeit

Tun Sie's einfach. Sie müssen schnell sein. Sie müssen der Erste sein. Sie müssen genau wissen, was Sie wollen

Wenn Sie im Geschäftsleben, beim Branding oder im Leben überhaupt erfolgreich sein wollen, müssen Sie sich zuerst im Bewusstsein Ihrer Klientel festsetzen. Richtig gelesen: im Bewusstsein – nicht auf dem Markt!

Als Erster auf dem Markt zu sein verschafft Ihnen lediglich die Lizenz, als Erster einen Weg in das Bewusstsein Ihrer potenziellen Kunden zu suchen. Wenn Sie diese Chance verspielen, weil Sie sich zu sehr mit Details aufhalten, werden Sie es nie mehr schaffen. (Perfektion über unendliche Zeit ist nichts wert.)

Das, was viele Manager den »first mover advantage« nennen, ist ein Mythos. Es ist kein automatischer Vorteil damit verbunden, als Erster eine Kategorie zu besetzen, es sei denn, es gelingt Ihnen, den Zeitvorteil effektiv zu nutzen, um sich einen Platz im Bewusstsein Ihrer potenziellen Kunden zu sichern.

Eine Strategie, die viele große Unternehmen verwenden, besteht darin, schnell auf eine von einem kleineren Unternehmen entwickelte Idee aufzuspringen. Dank seiner besseren Ressourcen kann das größere Unternehmen den »Kampf um das Bewusstsein« gewinnen und den Eindruck erwecken, es sei als Erster auf dem Markt gewesen.

Wenn Sie der CEO eines kleineren Unternehmens sind, sollten Sie gut aufpassen. Sie müssen außerordentlich schnell sein. Schnell oder tot – das ist Ihre Wahl. Marktdarwinismus bedeutet das Überleben des Schnellsten.

Erster im Bewusstsein der Leute zu sein bedeutet auch nicht, sich dort sehr früh zu verankern. Zu viele Unternehmen sind es zufrieden, »eine der ersten« Marken der Branche zu sein. Das ist nicht dasselbe, wie als Erster ins Bewusstsein der Kunden zu dringen und sich dort als führendes Unternehmen einzuprägen.

- Yahoo! wurde 1994 als erste Suchmaschine des Internets eingeführt. Heute ist Yahoo! die führende Suchmaschine und die nach AOL meistbesuchte Website.
- eBay wurde 1995 als erste Auktionssite im Internet eingeführt. Heute ist eBay die bei weitem größte Auktionssite im Netz, auf der monatlich mehr als zwei Millionen Auktionen in rund 850 Produktkategorien abgewickelt werden.
- Amazon.com wurde 1995 als erster Online-Buchladen eingeführt. Derzeit erzielt das Unternehmen einen Jahresumsatz von einer Milliarde US-Dollar, das Vielfache seines nächsten Konkurrenten, Barnesandnoble.com. Jeff Bezos, Gründer von Amazon.com, wurde vom Magazin *Time* zum Mann des Jahres 1999 gewählt.
- Bluemountain.com wurde 1996 als erste Site eingeführt, die elektronische Grußkarten anbot. Derzeit wird die Site Monat für Monat von zehn Millionen Usern besucht, von mehr als alle Konkurrenten gemeinsam. Vor kurzem wurde die Site für 780 Millionen US-Dollar an Excite At Home verkauft.
- Priceline.com wurde 1998 als erstes Unternehmen eingeführt, das Flugtickets unter dem Motto »Gib deinen Wunschpreis an« versteigerte. Heute ist Priceline.com die mit Abstand führende Site für Discountflugtickets und Hotelzimmer. Alle sieben Sekunden gibt jemand in Priceline.com seinen Wunschpreis an.

Fünf Unternehmen, fünf Marken, fünf Internet-»Erstlinge«. Und fünf Marktführer, deren Marken ihre Kategorien dominieren.

Waren Yahoo!, eBay, Amazon.com, Bluemountain.com und Priceline.com jedoch tatsächlich die Ersten in ihren Kategorien? Wir können es nicht mit Sicherheit sagen, aber wahrscheinlich waren sie es nicht.

Eines ist allerdings gewiss: Die Ideen für diese Sites hatten viele Leute etwa gleichzeitig. Die Geschichte zeigt, dass die meisten Ideen zu fast derselben Zeit in verschiedenen Köpfen auftauchen.

Das Auto wurde etwa zur selben Zeit in Deutschland »erfunden«, als Unternehmer in Frankreich, England, Italien und Amerika an denselben Eigenantriebskonzepten arbeiteten.

Das Flugzeug wurde in Amerika »erfunden«, aber viele Franzosen reklamierten diese Tat für sich, bis sie lasen, dass die Brüder Wright schon einige Jahre früher die entscheidende Erfindung gemacht hatten.

Würden wir uns immer noch mit Rauchsignalen verständigen, wenn es Alexander Graham Bell nicht gegeben hätte? Natürlich nicht. Jemand anderer hätte das Telefon erfunden.

Würden wir immer noch Faxgeräte mit Thermopapier verwenden, wenn Chester Carlson nicht das Normalpapierfax erfunden hätte? Natürlich nicht. Jemand anderer hätte es erfunden.

Es gibt eine Riesenkluft zwischen einem vagen Gedanken an einem Sonntagnachmittag und einer erfolgreichen Marke im Internet am Montagmorgen. Ideen (und jene flüchtigen Gedanken, von denen sie ausgehen) gibt es zuhauf. Um eine Idee im Netz Wirklichkeit werden zu lassen, bedarf es harter Arbeit und – das ist noch wichtiger – eines Gefühls der Dringlichkeit.

Trödeln ist tabu. Damit meinen wir endlose Tests, Zielgruppen- und Marktstudien. Für eine Internetmarke sind diese Dinge ein besonderes Problem.

Warum wurden die meisten erfolgreichen Internetsites von kleinen, mit Risikokapital finanzierten Unternehmen und nicht von Fortune-500-Unternehmen lanciert? Die Antwort ist einfach: Großen Unternehmen widerstrebt es, Schritte zu setzen, bevor sie nicht Berge von Marktstudien zusammengetragen haben.

Das Internet bewegt sich zu schnell, um gemessen zu werden. Es ist eine neue Branche. Das Wissen ist knapp. Die wenigsten Leute wissen, was sie wollen, was sie verwenden würden, wie viel sie bereit wären zu bezahlen ..., bis sie ein konkretes Angebot vor Augen haben.

Große Unternehmen verabsäumen es oft, neue Chancen zu nutzen, weil sie »Perfektionisten« sind. Sie bringen ein neues Produkt, eine neue Dienstleistung oder eine neue Internetsite erst dann heraus, »wenn alles stimmt«.

Zu warten, bis alles stimmt, macht aus der Perspektive des Branding keinen Sinn. Alles, was es wert ist, getan zu werden, ist es auch wert, in einem halb fertigen Zustand getan zu werden. Alles, was den Aufwand nicht wert ist, ist auch in einem perfekten Zustand überflüssig.

Nehmen Sie nur Yahoo!, die wertvollste Marke des Internets. Yahoo! ist im Grunde eine Suchmaschine. Sie finden dort, was immer Sie finden wollen.

Entwickelte Yahoo! seine Suchmaschinentechnologie selbst? Nein. Um flexibel zu sein, lagerte es die Entwicklung aus, zuerst an Open Source, dann an AltaVista, bevor es schließlich auf Inktomi kam.

Die führende Suchmaschine entwickelte keine eigene Suchmaschinentechnologie? Überrascht Sie das? Das sollte es nicht. Man gewinnt nicht, indem man der Bessere ist. Man gewinnt, indem man der Erste ist. Yahoo! war deshalb so erfolgreich, weil es das Internet »überholte«.

Einer der Mythen der amerikanischen Wirtschaft lautet, dass man gewinnt, indem man besser ist. Die Manager geben Milliarden US-Dollar für ihre Suche nach besseren Produkten und Dienstleistungen aus. Sie messen ihre bestehenden Produkte und Dienstleistungen an denen ihrer stärksten Konkurrenten. Ein neues Produkt wird erst dann auf den Markt gebracht, wenn es einen signifikanten, greifbaren Vorteil hat.

Ergebnis: Neun von zehn neuen Produkten fallen durch. Warum? Unserer Meinung nach liegt es nicht an Qualitätsproblemen. Es liegt daran, dass das Timing nicht stimmt. Das betreffende Produkt war nicht schnell genug auf dem Markt.

Großen Unternehmen fehlt oft das Gefühl der Dringlichkeit, wenn es um die Einführung neuer Produkte oder Dienstleistungen geht. Manchmal lässt sich diese Einstellung sogar aus ihren öffentlichen Erklärungen herauslesen. »Vielleicht sind wir relativ spät dran«, sagte Rupert Murdoch, CEO der News Corp., als er das erste Internetinvestment seines Unternehmens ankündigte, »aber nur ein, zwei Jahre.«

Nur ein, zwei Jahre? In nicht einmal zwei Jahren arbeitete sich Priceline.com von einem Nobody zum Marktführer einer neuen Internetkategorie hoch. Marktwert: 7,9 Milliarden US-Dollar.

Carpe diem – nütze den Tag. Wo wäre Microsoft heute, hätte Bill Gates nicht im ersten Jahr sein Studium in Harvard an den Nagel gehängt und wäre nicht nach Albuquerque, New Mexico, gegangen, um dort ein Betriebssystem für den ersten PC der Welt zu entwickeln?

Carpe diem. Wo wäre Dell Computer heute, wenn Michael Dell nicht zufällig im zweiten Studienjahr die Freude an seinem Studium an der University of Texas verloren und eine Firma gegründet hätte, die Computer direkt an Unternehmen verkauft?

Carpe diem. Heute ist der beste Tag Ihres Lebens, um eine Internetgesellschaft zu gründen, die auf einem neuen Konzept oder auf einer neuen Idee basiert. Einer Idee, die bisher noch von niemandem umgesetzt wurde.

Ein weiterer Grund, sich zu beeilen, ist der Aktienmarkt. Der unglaubliche Erfolg der Internetaktien hat die Investoren verrückt gemacht. Niemand möchte sich die finanzielle Chance seines Lebens entgehen lassen. Geld ist da, aber Zeit ist knapp. Auf jeden 25-jährigen mit einer halb ausgegorenen Idee warten Berge von Geld. Die Konkurrenz, mit der sich Auto-, Cola- oder Keksmarken konfrontiert sehen, ist nichts gegen die verwirrende Markenvielfalt, die im Netz lauert. Wenn Sie sich Ihren Teil vom Kuchen sichern wollen, müssen Sie schnell sein. Sie müssen handeln. Jetzt.

Haben Sie je von NorthernLight.com gehört? Nein? Sie sind nicht allein. Mehr als 99 Prozent aller Internetbenutzer ist diese Site unbekannt.

Northern Light Technology LLC ist die größte Suchmaschine im Internet, und zwar insoweit, als sie 160 Millionen Websites indiziert. Das ist bei weitem mehr als bei Yahoo!, Excite, Lycos oder Infoseek. Außerdem findet sich bei Northern Light der Inhalt von rund 6000 Volltextquellen wie Wirtschaftsmagazinen, Fachjournalen, medizinischen Publikationen, Investmentdatenbanken und Nachrichtenmedien.

Das Problem ist nicht die Site. Das Problem ist der Zeitpunkt. Das Nordlicht begann erst drei Jahre nach der Einführung von Yahoo! zu blinken. Das war viel zu spät. Yahoo! war inzwischen nicht nur in Fahrt gekommen, sondern die neue Suchsite hatte auch bereits zusätzliche Konkurrenz von AltaVista, Excite, Infoseek und Lycos bekommen.

Das Problem ist nicht das Geld. Northern Light wurde mit 50 Millionen US-Dollar Risikokapital finanziert, viel mehr, als Yahoo! zur Verfügung hatte.

Es ist schwierig genug, als Zweiter zu beginnen. Noch schwieriger ist es, der Meute hinterherzujagen. In vielen Situationen ist es so gut wie hoffnungslos.

Was also tun, wenn Sie zu spät dran sind? Viele Manager neigen dazu, zu sagen: »Wir müssen uns stärker anstrengen.« Reicht nicht. (Denken Sie an das Gebot der Singularität.)

Paradoxerweise ist es nie zu spät. Aber Sie können im Jahr 2001 keine großartige Idee umsetzen, die sagen wir 1995 geboren wurde. Wenn Sie zu spät ins Spiel kommen, müssen Sie Ihren Fokus verengen. Michael Dell stieg spät, sehr spät, ins PC-Geschäft ein. Er legte seinen Fokus auf den Verkauf von PCs per Telefon. Eine gute Strategie. Heute ist Dell Computer der zweitgrößte PC-Hersteller der Welt.

Als das Internet kam, wartete Michael Dell nicht so lange. Sein Unternehmen war das erste, das PCs über das Web verkaufte. Ebenfalls eine gute Strategie.

Es ist auch nie zu spät, eine im Grund gute Idee schnell umzusetzen. Time Warner war eines der ersten Unternehmen, die eine Internetsite einrichteten. Daher der Name Pathfinder.

Aber was ist ein Pathfinder? Zuerst war die Site nichts weiter als eine Ansammlung von Informationen, die aus verschiedenen Time-Warner-Magazinen wie *Time, People, Fortune, Money, Entertainment Weekly* zusammengesammelt wurden. Nach dem Kauf von Turner Broadcasting System nahm das Unternehmen CNN, CNNsi und CNNfn in die Site auf. Es gelang ihm sogar, American Express dazu zu bringen, sein Magazin *Travel & Leisure* auf die Site zu stellen, und *Asia Week*, eine Publikation aus Hongkong.

Nachdem Time Warner geschätzte 75 Millionen US-Dollar in sein Internetstandbein investiert hatte, traf es vor nicht allzu langer Zeit die Entscheidung, es abzuschneiden. Was ist ein Pathfinder? Das Einzige, was die Leute mit dem Namen verbanden, war, dass es sich um eine Site für Time-Warner-Publikationen handelte. Aber den meisten Leuten ist es egal, wer ein Magazin herausgibt (wenn nicht gerade John F. Kennedy jr. daran beteiligt ist – jetzt, wo er tot ist, befindet sich das Magazin *George* in argen Turbulenzen). Sie interessieren sich nur für das Magazin selbst.

Niemand liest *Fortune* deshalb, weil es von Time Warner herausgegeben wird. Die Leute lesen *Fortune*, obwohl es aus dem Haus Time Warner kommt. Der Name des Verlags ist für den durchschnittlichen Leser ohne Relevanz. *Fortune* ist die Marke, nicht Time Warner.

Nachdem Time Warner Pathfinder aufgegeben hatte, konzentrierte sich das Unternehmen darauf, für seine wichtigsten Publikationen eigene Sites einzurichten. Ebenfalls keine gute Strategie. (Direkte »Verlängerungs«-Sites von Magazinmarken sind vielleicht dazu geeignet, ein paar Abonnements an Land zu ziehen, aber wenn es darum geht, sich eine starke Präsenz im Netz zu schaffen, sind sie das falsche Mittel.)

Time Warner nennt sich selbst »das erste Medienunternehmen der Welt«. Wie war es möglich, dass zwei Lausebengels aus Stanford das erste Medienunternehmen der Welt schlagen konnten?

Ganz einfach: Die Strategie stimmte, und das Timing stimmte. Beides ist ein Muss, denn das eine funktioniert nicht ohne das andere.

PS: Vielleicht ist Ihnen aufgefallen, dass es AOL war, das Time Warner übernahm, und nicht umgekehrt.

9
Das Gebot der Eitelkeit

Der größte Fehler von allen besteht darin, zu glauben,
Sie könnten alles

Erfolg im Geschäftsleben zeigt sich nicht nur in der letzten Spalte der Gewinn-und-Verlust-Rechnung, sondern er steigt auch in den Kopf: Erfolg im Geschäftsleben lässt die Egos der Topmanager anschwellen.

Extrem erfolgreiche Unternehmen glauben, alles zu können. Jedes Produkt in jeden Markt einführen zu können. Jede Fusion zustande bringen zu können. Alles nur eine Frage des Willens und der Ressourcen. »Was wollen wir tun?«, ist die Frage, die sich das Management von Zeit zu Zeit stellt.

Die Geschichte behandelt diese Art zu denken nicht sehr freundlich. Manager, denen ihr Erfolg zu Kopf gestiegen war, zeichneten für die meisten Marketingkatastrophen der vergangenen Jahrzehnte verantwortlich.

• General Electric scheiterte trotz der brillanten Reputation seines Managements am Großrechnermarkt.
• Die »Socks and stocks«-Strategie von Sears, Roebuck in seinen Einzelhandelsgeschäften Börsenberichte, Versicherungen und Immobilien zu verkaufen, ging ins Leere.
• Xerox gelang es nicht, den Erfolg, den es mit Kopierern errungen hatte, im Computergeschäft zu wiederholen.
• IBM wiederum konnte seinen Erfolg bei Computern nicht auf die Kopierer übertragen.
• Kodak verzettelte sich, als es versuchte, in die Sofortbildfotografie einzusteigen.

- Polaroid erging es mit dem konventionellen 35-mm-Film nicht besser.

Erkennen Sie das Muster? Sobald ein Unternehmen in einem Bereich erfolgreich ist, versucht es in einen anderen hineinzugehen. Normalerweise mit wenig oder gar keinem Erfolg.

Das Problem ist normalerweise nicht das neue Produkt oder die neue Dienstleistung. Es mag durchaus sein, dass Xerox das beste Computerprodukt auf dem Markt hatte. Das Problem liegt im Bewusstsein des potenziellen Kunden. »Was weiß ein Hersteller von Kopierern schon über Computer?«

Anders ausgedrückt: Das Problem ist kein Produktproblem, sondern ein Bewusstseinsproblem. Das Schwierigste ist, eine Vorstellung zu verändern, die im Bewusstsein eines bestehenden oder potenziellen Kunden fest verankert ist. (Jeder, der je verheiratet war, weiß, wie schwer es ist, eine Wahrnehmung bei einem anderen zu verändern.)

Was ist ein Cadillac? Im Bewusstsein des Autokäufers ist es ein »großes Auto«. Aber der Markt hat begonnen, sich auf kleinere Autos zu verlegen. Also versuchte Cadillac logischerweise, ein kleines Auto namens Catera zu verkaufen – mit wenig Erfolg.

Was ist ein Volkswagen? Im Bewusstsein des Käufers ein »kleines Auto«. Aber die VW-Kunden haben inzwischen Familien. Deshalb versuchte Volkswagen natürlich, einen größeren VW namens Passat zu verkaufen – mit mäßigem Erfolg (zumindest in den USA).

Cadillac konnte keine kleinen Cadillacs verkaufen, und Volkswagen keine großen VWs.

Sobald eine Firma im Bewusstsein ihrer Kunden für etwas steht, ist es schwer, dieses Bild zu verändern. VW steht für kleine, Cadillac für große Autos. Können Sie diese Wahrnehmungen verändern? Nicht sehr wahrscheinlich. (Warum sollten Sie es übrigens tun wollen?)

Aber geben Sie nicht auf. Bevor Cadillac den Catera auf den Markt brachte, versuchte es den Cimarron an die Kunden zu bringen, ebenfalls einen kleineren Cadillac. Wie zu vermuten war, hob auch der Cimarron nie richtig ab.

Die Leute von Lincoln sollten über die Schwierigkeiten von Cadillac eigentlich lachen können, aber das ist nicht der Fall. Sie haben alle Hände voll zu tun, den neuen kleinen Lincoln (LS für Lincoln Small natürlich) einzuführen.

Dabei geht es dem Dreieinhalbtonner Lincoln Navigator ausgezeichnet. Wenn ein neues Produkt den Vorstellungen entspricht, die im Bewusstsein der Kunden bereits fest verankert sind, kann es außerordentlich erfolgreich werden.

Als VW den Käfer, das erste Kleinauto des Unternehmens, unter dem Namen Beetle (was nichts anderes als Käfer heißt) neu herausbrachte, explodierten die Verkaufszahlen. Wie zu erwarten, stieg der Erfolg des neuen Käfers den Managern zu Kopf. »Es gibt keinen Grund, warum wir keine 80 000-Dollar-Autos der Marke Volkswagen verkaufen sollten«, sagte ein VW-Manager. Doch, es gibt einen. Die Leute werden sie nicht kaufen.

Wird es in der Online-Welt anders sein als in der realen? Wir glauben nicht. Auch wer im Internet erfolgreich ist, hat mit Menschen zu tun. Sobald etwas im Bewusstsein der Menschen verankert ist, ist es schwierig, diese Vorstellung zu verändern.

Amazon.com war die erste Internetsite, auf der Bücher und Musik-CDs verkauft wurden. Die Site wurde zu einem überwältigenden Erfolg. Sie erreicht derzeit Jahresumsätze von über einer Milliarde US-Dollar (wenn auch im letzten Jahr Verluste in Höhe von rund 300 Millionen eingefahren wurden).

Was wird Amazon.com also als Nächstes tun? Wir alle wissen es bereits: Amazon.com ist dabei, sich in eine »Bestimmungssite« zu verwandeln, auf der die Kunden alles finden können, was ihr Herz begehrt.

• DVDs und Videos,
• Elektronik und Software,
• Spielwaren und Videospiele,

- Produkte zur Verschönerung des Zuhauses,
- ein Geschenkregistrierungssystem,
- E-Cards,
- Auktionen, darunter ein Jointventure mit Sotheby's (Amazon gab 45 Millionen US-Dollar für eine 1,7-Prozent-Beteiligung an Sotheby's aus),
- zShops, wo Tausende kleiner Händler unter dem Banner von Amazon.com Geschäfte abwickeln können,
- Kreditkarten in einem Markenverband mit NextCard Inc. (Amazon.com gab auch 22,5 Millionen US-Dollar für eine Option auf das Recht aus, 9,9 Prozent an der Kreditkartengesellschaft zu erwerben).

Wow! Was für eine Liste. Aber wenn Sie »Mann des Jahres« sind, dann sollten Sie alle diese Dinge doch mit links bewältigen können.

Amazon.com pflegte den Slogan »Earth's Biggest Bookstore« – größte Buchhandlung der Welt – zu verwenden. Schluss damit. Der neue Slogan lautet: »Earth's Biggest Selection« – größte Auswahl der Welt.

Jeff Bezos, CEO von Amazon.com und Mann des Jahres 2000, sagt: »Es ist ganz natürlich, dass sich ein Kunde fragt, ob ein bestimmter Anbieter wirklich die beste Quelle für Musik, Bücher und Elektronik sein kann. In der physischen Welt lautet die Antwort fast immer Nein. Aber im Internet fallen alle physischen Beschränkungen weg.« (Ein Zeichen der Zeit: Das Unternehmen ließ den Namen »Amazoneverywhere.net« als Websitenamen registrieren.)

Es mag sein, dass im Internet alle physischen Schranken fallen, aber wie sieht es mit den geistigen Schranken aus? Was ist mit dem Bewusstsein der Kunden? Was ist ein Amazon.com?

Wenn Xerox mit Kopiergeräten, IBM mit Computern, Cadillac mit großen Autos und VW mit kleinen Autos identifiziert wird, dann wird Amazon.com mit einem Buchladen gleichgesetzt.

Wenn Amazon.com eine Internetbuchhandlung ist, wie

kommt es dann, dass die Site im Verkauf von Musik-CDs so erfolgreich ist? Und wenn sie erfolgreich Musik-CDs verkaufen kann, warum nicht auch Spielsachen und Elektronik?

Denken Sie an die großen Buchgeschäfte Ihrer Stadt. Verkaufen die Spielzeug und Elektronik? Nein. Aber sie verkaufen CDs. Ergo: Der Kunde assoziiert Musik-CDs mit Buchgeschäften.

»Es gibt keinen Grund, warum Amazon nicht auch andere Waren verkaufen sollte«, sagte Bill Gates einmal. Aber doch, es gibt einen. Sein Name ist »Wahrnehmung«, ein wichtiger Bestandteil des menschlichen Bewusstseins. Amazon.com bedeutet Internetbuchhandlung. Nicht Auktionen, nicht Geschenke, nicht schönes Wohnen, nicht Spielzeug, nicht Videospiele, nicht Elektronik, nicht Software, nicht DVDs und nicht Videos.

Die Denkweise von Amazon.com findet sich überall in der physischen Welt. Blockbuster bedeutet Videoverleih. »Es gibt keinen Grund, warum Blockbuster Video keine anderen Waren verkaufen sollte«, murmelte jemand bei Blockbuster vor Jahren in seinen Bart. Das war die Geburtsstunde von Blockbuster Music Man.

Nach Jahren der Verluste erkannte das Unternehmen endlich, wie der Hase läuft, und gliederte die Division 1999 aus. Der neue Name: Wherehouse Music.

Boston Chicken war in den Köpfen der Kunden als Hähnchenbraterei verankert. »Es gibt keinen Grund, warum Boston Chicken nicht auch andere Lebensmittelprodukte verkaufen sollte«, meinte das Topmanagement. So änderte die Firma ihren Namen auf Boston Market und nahm Truthahn, Hackbraten und Schinken in ihr Angebot auf.

Überrascht es Sie, dass Boston Chicken vor kurzem für immer seine Tore schloss? Auch diese Firma war ihrer Eitelkeit zum Opfer gefallen.

»Der Fall von Amazon, dass ein Unternehmen, das in einem Online-Bereich stark ist, sein Produktangebot erweitert, wird sich noch oft wiederholen«, fügte Bill Gates hinzu. Sicher wird er sich wiederholen. Die Erweiterung der Produktlinie ist bei amerikanischen Unternehmen sehr beliebt, fast so beliebt wie Aktienoptionen. Beides schmeichelt dem Ego der Firma.

Verwirrend ist nur die Tatsache, dass die Erweiterung der Produktlinie funktionieren kann ... auf kurze Sicht. Doch langfristig funktioniert sie fast nie.

Das gilt vor allem, wenn Sie der Erste in einer neuen Kategorie sind. Wenn Sie der Erste sind und eine neue Kategorie dominieren, können Sie kurzfristig den Weg der Erweiterung des Produktangebots beschreiten. Den Preis werden Sie später zahlen, aber Sie können sich leicht zu der Überzeugung verleiten lassen, den richtigen Weg gegangen zu sein.

Nehmen Sie nur Yahoo! Das proklamierte Unternehmensziel ist unglaublich! »To be all things to all people« – alles für alle zu sein (eine Phrase, die angeblich von vielen Yahoo!-Führungskräften wie ein Mantra wiederholt wird).

Yahoo!, das als Suchmaschine im Internet begann, hat seine Website inzwischen erweitert und bietet nun Folgendes an: Auktionen, Kalender, Chatrooms, Anzeigen, E-Mail-Dienste, Spiele, Straßenkarten, Nachrichten, Pagerdienste, Personensuche, Radio, Shopping, Sport, Börsenkurse, Wetterberichte und Branchenverzeichnisse.

Um seinem Ziel, alles für alle zu sein, noch näher zu kommen, gab Yahoo! ein Vermögen für Akquisitionen aus:

- fünf Milliarden US-Dollar für Broadcast.com, einen Dienst, der Audio und Video über das Internet liefert;
- 3,7 Milliarden US-Dollar für GeoCities, einen Homepage-Dienst;
- 130 Millionen US-Dollar für Encompass, ein Technologieunternehmen, das Software herstellt, die eine einfachere Verbindung der Kunden mit dem Internet ermöglicht;
- 80 Millionen US-Dollar für Online Anywhere, eine Technologie, mit der Informationen und Dienste an eine breite Palette von Nicht-PC-Geräten geliefert werden können.

Ist Yahoo! erfolgreich? (Dumme Frage, das Unternehmen ist 114 Milliarden US-Dollar wert.)

Sicher ist Yahoo! erfolgreich, aber die Marke hatte den enormen Vorteil, die erste Suchmaschine im Internet gewesen zu sein. Deshalb erhielt Yahoo! ungeheuer viel Publicity.

Yahoo! wurde als Marke zu einer Berühmtheit. Im Zeitraum von 17 Monaten wurde Yahoo! in verschiedenen Nachrichtenmedien unglaubliche 45 000-mal zitiert – viel öfter als jede andere Internetsite.

Nichts ist so erfolgreich wie der Erfolg. Mit genügend wohlwollenden Erwähnungen in den Medien könnte sogar Mussolini Merlot eine beliebte italienische Weinmarke werden.

Aber nichts dauert ewig. Die Medien werden sich auf die nächste heiße Internetmarke stürzen und Yahoo! in die unangenehme Lage bringen, sein eigenes Geld für Publicity ausgeben zu müssen.

Was ist ein Yahoo?! Nicht leicht zu beantworten, wenn man »alles für alle« sein will.

Sich zu sehr aufzublasen kann zur Selbstdestruktion führen. Wenn man den Anspruch erhebt, alles zu sein, ist man bald nichts.

Apple begann als PC-Hardwareunternehmen und ging dann zu Software, Betriebssystemen und PDAs (Personal Digital Assistants = kleine, tragbare Computer, die außer der Terminplanung eines Organizers eine eingeschränkte Anwendung von Textverarbeitung und Tabellenkalkulation erlauben) über. Apple verlor sein Geschäft, seinen CEO und fast seine ganze Existenz, bis Steve Jobs die Zügel wieder in die Hand nahm und dafür sorgte, dass Apple sich wieder auf sein Kerngeschäft konzentrierte: bedienungsfreundliche und »wahnsinnig gute« PCs zu bauen.

Aber jeder will wachsen, und das kann man niemandem übel nehmen. Was sollte eine Internetmarke wie Amazon.com also tun? Für die führenden Unternehmen jeder Kategorie gibt es fünf grundlegende Branding-Strategien zu beachten:

1. Bleiben Sie fokussiert

Es gibt im Internet mehr als fünf Millionen registrierte Dotcoms – und Sie wollen, dass Ihre Site für mehrere Dinge auf einmal steht? Amazon sollte bei Büchern und Musik-CDs bleiben. Schließlich kann die Site erst vier Prozent des US-Buchmarkts für sich reklamieren, dessen Gesamtvolumen bei 24,6 Milliarden US-Dollar liegt.

2. Steigern Sie Ihren Marktanteil

Der richtige Zeitpunkt, um über den Einstieg in ein anderes Geschäft nachzudenken, ist, wenn Sie Ihr bestehendes Geschäft dominieren. Bevor Amazon.com nicht mindestens 25 Prozent des Buchmarktes in der Tasche hat, sollte es bei seinem Kerngeschäft bleiben.

3. Erweitern Sie Ihren Markt

Marktführer sollten darüber nachdenken, wie sie ihren Markt erweitern können, in dem Bewusstsein, dass ihnen viele Vorteile eines größeren Marktes zufließen werden. Was wäre mit Buchklubs, Chats mit Autoren und anderen buchbezogenen Aktivitäten, wie zum Beispiel von Amazon gesponserten Seminaren berühmter Autoren?

4. Go global

Natürlich stimmt es, dass das Internet bereits jetzt ein weltweites Informations- und Kommunikationsnetzwerk ist, aber der Buchmarktanteil, den Amazon.com außerhalb der USA hat, ist winzig. (Derzeit verkauft das Unternehmen nur 22 Prozent seiner Bücher außerhalb der Vereinigten Staaten – aber dort leben 95 Prozent der Weltbevölkerung.)

Amazon.com sollte sich wirklich anstrengen, seine Kunden im Rest der Welt zu erreichen. Da sich Englisch als internationale Geschäftssprache immer stärker durchsetzt, wird der Markt für englischsprachige Bücher voraussichtlich explodieren.

Warum es mit Englisch genug sein lassen? Amazon.com sollte sein Internetfachwissen in allen großen Sprachen der Welt anbieten.

Das Denken macht oft an Grenzen Halt. Die erfolgreichsten Unternehmen betrachten heute die ganze Welt als ihr Spielfeld.

5. Dominieren Sie die Kategorie

Für eine führende Marke sollte ein Marktanteil von 25 Prozent ein konservatives Ziel sein. Mit einem Viertel des US-Buchmarktes würde Amazon.com einen Umsatz von 6,6 Milliarden US-Dollar erzielen, genug, um auf die Fortune-500-Liste zu kommen, und zwar vor Unternehmen wie General Dynamics, General Mills, Ryder Systems, Nordstrom, Owens Corning, Black & Decker und Hershey Foods.

Nichts funktioniert im Branding so gut wie das Dominieren des Marktes. Coca-Cola bei Cola-Getränken, Hertz bei Mietautos, Budweiser bei Bier, Goodyear bei Autoreifen, Microsoft bei PC-Betriebssystemen, Intel bei Mikroprozessoren, Cisco bei Routern, Oracle bei Datenbanksoftware, Intuit bei persönlicher Finanzsoftware.

Amazon.com hat die einmalige Chance, das Buchgeschäft weltweit zu dominieren. Warum diese Chance wegwerfen, um einem Dutzend anderer Märkte hinterherzujagen, noch dazu, wo man wahrscheinlich auf keinem davon eine dominierende Position erreichen wird?

Wenn die Eitelkeit zuschlägt, ist schwer zu widerstehen. »Wir können in diese anderen Märkte hineingehen. Wir haben die Produkte, wir haben die Leute, wir haben die

Systeme, wir haben den Elan, und wir haben den Korpsgeist. Warum nicht?«

Warum nicht? Vielleicht spricht alles für Sie – die Produkte, die Leute und die Systeme –, aber etwas spricht gegen Sie: Es fehlt Ihnen das Image.

Die wesentliche Frage des Branding, sei es im Internet oder anderswo, läuft immer auf dasselbe hinaus: Produkt versus Wahrnehmung.

Viele Manager glauben, sie bräuchten nur ein besseres Produkt oder eine bessere Dienstleistung auf den Markt zu bringen, um zu gewinnen. Aber Marken wie Coca-Cola, Hertz, Budweiser und Goodyear sind nicht deshalb stark, weil sie das beste Produkt oder den besten Service weit und breit bieten (obwohl vielleicht auch das), sondern weil sie Marktführer sind, die ihre Kategorien beherrschen.

Welches Szenario ist wahrscheinlicher, A oder B?

Szenario A: Das Unternehmen kreiert das bessere Produkt oder die bessere Dienstleistung und erreicht in der Folge die Marktführung.

Szenario B: Das Unternehmen erreicht die Marktführung (normalerweise, indem es das erste in einer neuen Kategorie ist) und erzeugt in der Folge bei den Kunden das Bewusstsein, das bessere Produkt oder die bessere Dienstleistung zu haben.

Der Logik nach wäre Szenario A wahrscheinlicher, aber die Geschichte steht eindeutig aufseiten von Szenario B. Marktführung als Erstes, Bewusstsein als Zweites.

AltaVista rühmt sich selbst, der »stärkste und nützlichste Wegweiser durch das Netz« zu sein. Wir haben keinen Grund, diese Behauptung anzuzweifeln. Aber reicht das aus, dass AltaVista Yahoo! die Führung abringen könnte? Unserer Meinung nach nicht.

Marktführerschaft als Erstes, Bewusstsein als Zweites. Zu versuchen, diese Reihenfolge umzukehren, ist so gut wie unmöglich.

Was, wenn Sie alles richtig machen? Was, wenn Sie als Erster in einer neuen Kategorie sind und diese Kategorie in der Folge im Inland dominieren? Dann sollten Sie versuchen, einerseits Ihren Markt im Inland zu erweitern und andererseits Ihre Marke auf den globalen Markt auszudehnen.

Coca-Cola tat alle diese Dinge. Aber was kommt als Nächstes? Gibt es in der Geschichte des Branding keinen zweiten Akt?

Aber sicher gibt es den. Ein Unternehmen kann zwei Dinge auf einmal tun (eng fokussiert sein und sein Geschäft ausweiten), indem es der einfachen Strategie folgt, eine zweite oder sogar eine dritte und vierte Marke einzuführen.

- Coca-Cola besitzt Coca-Cola, das führende Cola-Getränk, und Sprite, den führenden Limonaden-Softdrink.
- Anheuser-Busch besitzt Budweiser, das führende Normalbier, Michelob, das führende Premiumbier, und Busch, das führende Billigbier.
- Darden Restaurants besitzt Olive Garden, die führende italienische Restaurantkette, und Red Lobster, die führende Meeresfrüchte-Restaurantkette.
- Toyota besitzt auch Lexus.
- Black & Decker besitzt auch DeWalt.
- Levi Strauss besitzt Levi's und Dockers.
- The Gap besitzt auch Banana Republic und Old Navy.

America Online wendet dieselbe Mehrfachmarkenstrategie im Internet an. AOL ist die Hauptmarke, für die die Abonnenten 21,95 US-Dollar monatlich bezahlen. Der Service beinhaltet 19 verschiedene Themenkanäle, 15 000 Chatrooms und ICQ, einen beliebten Online-Kommunikationsdienst. CompuServe ist die gehobene Marke des Unternehmens. Für dieselbe monatliche Zugangsgebühr bietet CompuServe Neuabonnenten, die sich zum Kauf bestimmter Computer verpflichten, Rabatte an.

Anstatt Zweitmarken zu lancieren, entscheiden sich die meisten Unternehmen jedoch für den Weg der Eitelkeit.

»Was soll an unserem Namen nicht stimmen? Wir sind berühmt. Wozu brauchen wir eine zweite Marke? Wir können doch unseren eigenen Namen verwenden.«

Manche Unternehmen, die ihre Angebotspalette erweitern, scheinen – jedenfalls auf kurze Sicht – erfolgreich zu sein. Microsoft ist ein gutes Beispiel.

Nachdem Microsoft das Geschäft mit Betriebssystemen erobert hatte, wurde es in einer ganzen Flut anderer Geschäftszweige aktiv, alles unter dem Namen Microsoft. »Wenn Microsoft es tut, warum sollen wir es nicht tun?«, bekommen wir von unseren Beratungskunden ständig zu hören.

Unsere Antwort: Sie sind nicht Microsoft. Wenn Sie mehr als 90 Prozent eines Marktes in der Tasche haben, wenn Sie mehr als eine halbe Billion US-Dollar an der Börse wert sind, dann haben Sie viel Macht. Sie können fast alles tun und immer noch erfolgreich erscheinen.

Die Marktführerschaft ändert die Spielregeln. Versuchen Sie doch einmal, Ihrer Frau zu sagen: »Wenn Bill Clinton es tun kann, warum kann ich es nicht?«

Die meisten CEOs sind auch nicht Bill Clinton. Sie sind nicht die Präsidenten des mächtigsten Landes der Welt. Sie müssen sich an ganz gewöhnliche Regeln halten.

Marktführer, vor allem so dominante wie Microsoft, können alle Gebote brechen und trotzdem die Nase vorn behalten … jedenfalls einstweilen.

Sehen wir uns noch einmal Yahoo! an, ein Unternehmen, das sich genauso verhält wie Microsoft. CEO Timothy Koogle sagt: »Sie können davon ausgehen, dass wir im Online-Handel und im Shopping aggressiv expandieren werden, indem wir die Palette an Kauf-, Transaktions- und Bereitstellungsdiensten, die wir in allen wichtigen Kategorien anbieten, erweitern und vertiefen.«

(Betrachten Sie das Verhalten von Yahoo! nicht allzu kritisch. Man lebt nur einmal. Jung, reich und dumm zu sein macht viel mehr Spaß, als alt und weise zu sein.)

Viele Sites – Namen wie Buy.com, Shopping.com, Shopnow.com – und eine Fülle anderer Nachahmer gehen in dieselbe Richtung, allerdings ohne den starken Markenwiedererkennungswert von Yahoo! zu besitzen. »Wir können Ihnen alles, was Ihr Herz begehrt, zu einem Discount besorgen.«

Was verkauft eine Site wie BuyItNow.com? Schmuck, Konsumentenelektronik, Spielzeug, Küchengeräte, Produkte für ein schöneres Zuhause, Sportartikel, Werkzeug, Haustierbedarf, Gartengeräte, Geschenke und Luxusartikel. »Sie wünschen – wir liefern.«

Snap.com geht noch einen Schritt weiter. Sie können nicht nur alles kaufen, wenn Sie die Snap-Site besuchen, sondern Sie können es in jedem Geschäft kaufen. »Jedes Produkt. Jedes Geschäft. Jederzeit. Snap shopping«, lautet das Motto. Die Eitelkeit macht offensichtlich Überstunden bei Snap.com.

Wenn sich das Internetfieber abkühlt, wenn das Internet nur einer von vielen Orten geworden sein wird, an denen man einkaufen kann, werden diese generischen Seiten, die alles an alle verkaufen, wahrscheinlich nicht mehr unter uns sein. Yahoo! hingegen ist nicht in Gefahr, da es eine mächtige, dominante Position in der Portalkategorie hat. Dasselbe gilt für Amazon.com in den Kategorien Bücher und Musik.

Für führende Marken wie Yahoo! und Amazon.com stellt sich eine weitere Frage: Wären diese Unternehmen mit einer Mehrmarkenstrategie besser dran als mit einer Linienerweiterungsstrategie?

Wir glauben ja. Aber es gibt immer weniger Markenführer, die bereit sind, Zweitmarken einzuführen.

Ihre Eitelkeit steht ihnen im Weg.

10
Das Gebot der Divergenz

Alle reden über Konvergenz – aber wo ist sie?

Immer, wenn ein neues Medium auf den Plan tritt, erhebt sich die Forderung nach Konvergenz. Womit wird dieses neue Medium konvergieren?

Als das Fernsehen kam, erschienen überall Artikel über die Konvergenz des Fernsehens mit den Zeitungen. Es hieß, man würde seine Zeitungen nicht mehr von der Post zugestellt bekommen. Wenn man eine Zeitung wollte, würde man einfach einen Knopf am Fernsehgerät drücken, und die Ausgabe würde im Wohnzimmer ausgedruckt werden. (Wir erfinden diese Dinge nicht. Wir geben nur weiter, was behauptet wurde.)

Als das Internet kam, begannen Geschichten derselben Art zu kursieren. Nun kann man während des Fernsehens im Netz surfen. (WebTV von Microsoft ist der führende Anbieter dieses Dienstes.)

Viele Unternehmen versuchten, das Fernsehen mit einem PC zu kombinieren, mit auffallend geringem Erfolg – siehe Apple, Gateway und andere.

Konvergenz ist bei Microsoft zur Obsession geworden. »Ist William H. Gates zum Captain Ahab des Informationszeitalters geworden?«, fragte die *New York Times* vor einiger Zeit. »Gates' weißer Wal ist und bleibt eine obskure digitale Settop-Box, von der sein Unternehmen, die Microsoft Corporation, hofft, dass sie die PC-Industrie neu erschaffen werde, indem sie PC, Internet und Fernsehen zu einem Ungetüm von Wohnzimmer-Entertainment- und Informationsmaschine verschmilzt.«

PC, Internet und Fernsehen werden kombiniert werden? Niemals. Technologien konvergieren nicht. Sie divergieren.

Viele Anbieter von Internetmarken tappen in die Konvergenzfalle. Sie versuchen die reale Welt mit der Internetwelt zu verschmelzen. Ihr Erfindungsreichtum kennt keine Grenzen:

- Zeitungen und Magazine im Internet
- Radio und Fernsehen im Internet
- Internetdienste über Telefon oder PalmPilot
- Fax- und Telefondienste über Computer oder Fernsehgerät

Die Medien schüren das Feuer der Konvergenz schon seit langem. Ein 1993 im *Wall Street Journal* erschienener Artikel behauptete: »Die Chefs der fünf größten Branchen der Welt – Computer, Kommunikation, Konsumentenelektronik, Unterhaltung und Verlagswesen – verfallen heute von einem Schockzustand in den anderen. Unter einer gemeinsamen technologischen Knute – der zunehmenden Möglichkeit, riesige Brocken von Video, Sound, Grafik und Text in digitaler Form billig zu übertragen – wandeln sie sich und konvergieren.«

Die *New York Times* meinte: »Die digitale Konvergenz ist keine Zukunftsmusik oder eine Möglichkeit von vielen; sie ist ein Zug in voller Fahrt. Die Digitalisierung aller Arten von Informationen (einschließlich der Übertragung von Gefühlen) hat sich als exakt, wirtschaftlich, ökonomisch klug, universell anwendbar, bedienungsfreundlich und ultimativ schnell erwiesen.«

Fortune zeigte sich ebenso begeistert: »Konvergenz wird das Schlagwort für den Rest des Jahrzehnts sein. Dabei geht es nicht einfach darum, dass Kabel und Telefon miteinander ins Bett hüpfen. Es geht darum, dass die Kulturen und die Unternehmen großer Industrien – Telekommunikation (einschließlich der Ferngesprächsgesellschaften), Kabel,

Computer, Unterhaltung, Konsumentenelektronik, Verlagswesen und sogar Einzelhandel – zu einer Megaindustrie verschmelzen, die Informationen, Unterhaltung, Güter und
Dienstleistungen für Heim und Büro anbieten wird.«

Die Medien investieren ihr Geld entsprechend ihrer Propa-
ganda. Das *Wall Street Journal* bringt ein Magazin namens
Convergence heraus. *Forbes* veröffentlichte vor kurzem
einen Artikel mit dem Titel »Die große Konvergenz«. *Business Week* hält eine jährliche Konferenz unter dem Titel
»Der globale Konvergenzgipfel« ab.

Wenn die Medien die Konvergenz so lautstark preisen, ist
es dann ein Wunder, dass viele Unternehmen nur allzu gern
bereit sind, auf den Zug aufzuspringen? Als er vom Magazin *Fortune* gefragt wurde, wo Compaq seine einzigartigen
Chancen sähe, meinte der neue CEO des Unternehmens,
Michael Capellas: »Sie werden sehen, dass es eine Konvergenz der Geräte geben wird. Wer um alles in der Welt möchte nicht PalmPilot, Telefon und CD-Player in einem Gerät
vereint haben, damit er nicht drei Dinge mit sich herum-
schleppen muss?«

Das wird nie passieren. Technologien konvergieren nicht.
Sie divergieren. Trotzdem reißt der Hype nicht ab.

Wie es eine berühmte Futurologin ausdrückte: »Irgendwann in naher Zukunft sehe ich mir im Fernsehen *Ally
McBeal* an. Das Outfit, das sie trägt, gefällt mir. Also lege
ich meine Hand auf den Bildschirm. Sie unterbricht die Sen-
dung und fragt mich: ›Faith, gefällt dir, was ich trage?‹ ›Ja‹,
antworte ich. ›Dein Kostüm gefällt mir.‹ Sie darauf: ›Es ist
in folgenden Farben lieferbar.‹ Ich sage Ally, dass ich Dun-
kelblau oder Schwarz nehmen möchte, oder vielleicht beides. Darauf antwortet sie mir: ›Nein, das wirst du nicht
machen, Faith. Du hast schon zu viele dunkelblaue und
schwarze Outfits in deinem Schrank. Ich finde, du solltest
es einmal mit Rot versuchen.‹ Ich stimme zu, und am nächsten Tag wird das rote Kostüm in meiner Größe zu mir nach
Hause geliefert.«

Als ich fragte, wann ein solches Szenario Wirklichkeit werden könnte, erhielt ich von der berühmten Futurologin die Antwort: »Innerhalb von fünf Jahren.«

Halten Sie nicht den Atem an. Ally McBeal wird von Glück reden können, wenn es ihre Fernsehshow in fünf Jahren noch gibt, gar nicht zu reden von ihrem persönlichen Shopping-Beratungsdienst.

Während TV-Geräte und Telefone angeblich Computer werden sollen, sollen die Computer zu Geräten werden, die Fernseh- und Radioprogramme genauso empfangen können wie Telefonate.

Broadcast.com bietet zum Beispiel Live-Ausstrahlungen von mehr als 30 Fernsehsendern und 370 Radiosendern an. Alles durch die Zauberkraft des Internets auf Ihren Computerbildschirm geliefert. Mittlerweile hat die Konkurrenzfirma Real Networks mehr als 1100 Livesender in ihr Angebot aufgenommen. Ein weiterer Konkurrent, InterVU, hat ein Netzwerk zusammengestellt, das sich auf Geschäftsdienste konzentriert.

Werden die Leute an ihrem Computerbildschirm fernsehen? Natürlich werden das einige tun, aber die meisten werden es sich weiterhin auf der Wohnzimmercouch gemütlich machen, wenn sie fernsehen wollen.

Die Wahrheit ist, dass die Technologien auseinanderstreben, nicht konvergieren. Ein schneller Blick auf die Geschichte bestätigt diese Theorie.

- Das Radio wird nur als Radio verwendet. Heute gibt es AM- und FM-Radio. Wir haben auch tragbare Radios, Autoradios, solche mit Kopfhörern, Radiowecker, Kabel- und Satellitenradios. Das Radio verschmolz mit keinem anderen Medium. Es sonderte sich ab.
- Das Fernsehen war früher einfach Fernsehen. Heute haben wir normales Fernsehen, Kabelfernsehen, Satellitenfernsehen, Pay-TV. Das Fernsehen verschmolz mit keinem anderen Medium. Es sonderte sich ab.
- Das Telefon war früher einfach das Telefon. Heute haben

wir normale Telefone, schnurlose Telefone, Autotelefone, Mobiltelefone und Satellitentelefone. Außerdem analoge und digitale Telefone. Das Telefon verschmolz mit keiner anderen Kommunikationstechnologie. Es sonderte sich ab.
- Der Computer war früher einfach nur ein Computer. Heute haben wir Großrechner, mittelgroße Rechner, Minicomputer, Netzwerkcomputer, PCs, Notebooks und Palm-Computer. Der Computer verschmolz mit keiner anderen Technologie. Er sonderte sich ab.

Die Leute verwechseln oft das Mögliche mit dem Praktischen. Nachdem Neil Armstrong und Buzz Aldrin 1969 ihren Spaziergang auf dem Mond unternommen hatten, waren die Medien voller Geschichten über zukünftige Kolonien im Weltraum. Wo die Leute leben würden. Was sie essen würden. Wie sie arbeiten würden.

(Der Mond ist ein wunderbares touristisches Ziel – aber wer wollte dort schon leben?)

Was möglich ist, wird nicht einfach deshalb Wirklichkeit, weil es möglich ist. Es muss auch praktisch sein. Computer/Fernsehen scheint eine logische Kombination zu sein, aber Apple, Toshiba, Gateway und andere brachten Kombinationsprodukte auf den Markt, die sich nicht durchsetzten.

Philips ging noch einen Schritt weiter. Außer mit einem Computer und einem Fernsehempfänger ist der Philips DVX8000 mit einem FM/AM-Radio und einem CD/DVD-Player ausgestattet. Herz, was begehrst du mehr?

Einfachheit, Bedienungsfreundlichkeit, Zuverlässigkeit, niedriges Gewicht, Schutz gegen frühes Veralten und niedrige Kosten, um nur ein paar Dinge zu nennen.

Wir glauben nicht, dass Sie eines Tages über Ihr Fernsehgerät auf das Internet zugreifen werden. Viel wahrscheinlicher ist es, dass Sie eines Tages ein Internetgerät haben werden, eine elektronische Maschine, die ausschließlich für Internetverbindungen verwendet wird (ein praktisches Beispiel für Divergenz).

Derzeit gibt es bereits einige solcher Produkte auf dem Markt. Für 199 US-Dollar können Sie den i-opener von Netpliance kaufen, ein Gerät, das nichts weiter tut, als im Web zu browsen und E-Mails zu senden und zu empfangen. Wenn Sie nur an E-Mail interessiert sind, können Sie die E-Mail PostBox von Vtech Industries bestellen und 100 US-Dollar sparen. (Der BlackBerry ist ein weiteres Divergenzgerät, dessen Benutzer begeistert sind.)

Wie kommt es, dass die meisten Divergenzprodukte Gewinner sind und die Konvergenzprodukte im Allgemeinen Verlierer? Einer der Gründe ist, dass Konvergenzprodukte naturgemäß ein Kompromiss sein müssen. Der Intel-Mikroprozessor im Philips DVX8000 sollte etwa drei Jahre lang funktionieren. Der Wiedergabeteil der Maschine (Fernseher, CD, DVD) sollte eine Lebensdauer von rund 20 Jahren haben.

Anstatt Fernsehgeräte mit Computern zu kombinieren, sollte man meinen, dass es besser wäre, Fernseh- und Videogeräte in einer Einheit zusammenzufassen. Es gibt solche Kombinationen natürlich auf dem Markt, aber die meisten Leute kaufen sie nicht. Vor einigen Monaten besuchten wir ein Elektrogeschäft, das eine ganze Wand solcher Produkte im Angebot hatte.

»Wie verkaufen sich denn die Kombinationen TV/Videorekorder?«, fragten wir den Verkäufer. »Vergessen Sie's«, antwortete er.

Es werden auch nicht viele Waschmaschinen/Trockner-Kombinationen verkauft. Oder Mikrowelle/Herd-Kombinationen. Oder Telefon/Anrufbeantworter. Oder Kopierer/Drucker/Faxgeräte.

Ein Hoffnungsschimmer für das Konvergenzkonzept ist der Radiowecker. Enthusiasten zitieren den Radiowecker gern als brillantes Beispiel für die Kraft des Konvergenzdenkens. Aber in gewisser Hinsicht ist der Radiowecker gar kein Gerät mit Doppelfunktion. Er hat in Wirklichkeit nur eine Funktion: Er ist ein Musikwecker, der die Aufgabe hat, Sie morgens durch markerschütternden Lärm aus dem Bett zu beuteln. Es gibt kaum Leute, die ihren Radiowecker zum Musikhören verwenden.

Abgesehen vom Radiowecker ist die Geschichte der Konvergenzprodukte ziemlich kümmerlich. Nach dem Zweiten Weltkrieg waren die Automobil- und die Flugzeugindustrie die beiden größten Industrien Amerikas. Da war es unausweichlich, dass einige kluge Köpfe meinten, die Konvergenz zwischen Auto und Flugzeug stünde unmittelbar bevor.

1945 stellte Ted Hall sein »Flying Car« vor, das von der Öffentlichkeit mit Begeisterung aufgenommen wurde. Straßen würden bald obsolet werden, Verkehrsstaus der Vergangenheit angehören. Wir würden jederzeit überallhin gelangen können und vollkommene Bewegungsfreiheit genießen. Alle großen Flugzeughersteller Amerikas hofften, mit Halls Erfindung Geld scheffeln zu können. Der Glückliche, der den Zuschlag bekam, war Convair.

Im Juli 1946 stellte Convair Halls Flugfantasie als Convair Model 118 ConvAirCar vor. Das Management war davon überzeugt, mindestens 160 000 Einheiten jährlich absetzen zu können. Der Preis lag bei 1 500 US-Dollar zuzüglich eines Zuschlags für die Flügel, die man auch an jedem Flughafen mieten konnte.

Trotz des ganzen Hypes wurden insgesamt nur zwei ConvAirCars gebaut. Beide stehen heute angeblich in einer Lagerhalle in El Cajon, Kalifornien.

Drei Jahre später führte Moulton Taylor das Aerocar vor, einen sportlichen Renner mit abnehmbaren Flügeln und Heck. Das Aerocar bekam für damalige Verhältnisse unglaublich viel Publicity. Die Ford Motor Company überlegte, es in Massenproduktion gehen zu lassen. Aber Taylors Aerocar erlitt dasselbe vorhersagbare Schicksal wie Halls Flying Car.

Fast immer triumphiert nicht die Konvergenz, sondern die Divergenz. Heute haben wir viele Arten von Flugzeugen (Jets, Propellerflugzeuge, Helikopter) und viele Arten von Autos (Limousinen, Cabrios, Vans, Sportautos), aber so gut wie keine fliegenden Autos.

Die Konvergenzapostel sollten sich einmal die Kombination Auto/Boot ansehen, die von Amphicar, einem deutschen Unternehmen, mit großem Trara eingeführt wurde. Wie alle Konvergenzprodukte erfüllte das Amphicar keine der beiden Funktionen besonders gut. »Fährt sich wie ein Schiff, schwimmt wie ein Auto«, lautete das Urteil der (Nicht-)Käufer.

Aber Ideen sterben oft nicht wirklich. Paul Moller wendete 35 Jahre für die Entwicklung des Skycar auf, einer persönlichen Flugmaschine, die so leicht zu bedienen ist wie ein Auto. Heute, 50 Millionen US-Dollar, 43 Patente und drei Ehefrauen später, ist sein Traum bereit zum Abheben.

Aber lachen Sie nicht. Was einige Jahrzehnte später töricht erscheinen mag, wird in der Gegenwart oft ernst genommen. Am 24. Juni 1999 brachte das *Wall Street Journal* auf der ersten Seite seines Marktteils einen langen Artikel über Mollers Himmelstraum.

Natürlich stimmt es, dass WebTV inzwischen ein Prozent des Marktes hat, aber gibt es überhaupt ein Konvergenzprodukt mit Zukunft? (Professor Moller hat 72 Bestellungen für das Skycar mit einer Anzahlung von je 5000 US-Dollar auf dem Tisch liegen.)

Die Zeichen mehren sich, dass es nicht gelingen wird, die »Interaktivität«, ein Attribut des Internets, mit der »Passivität« des Fernsehens zu kombinieren. Time Warner stellte 1994 in Orlando, Florida, das Full Service Network vor, das erste digitale, interaktive Fernsehnetzwerk. Zwei Jahre später sperrte es zu.

1989 wurde ein Unternehmen namens ACTV gegründet, um das interaktive Fernsehen in die Öffentlichkeit zu bringen. Die Firma verlor im vergangenen Jahrzehnt rund sieben Millionen US-Dollar jährlich. Endlich bringt ACTV nun gemeinsam mit Fox Sports ihr erstes Produkt heraus. Für eine monatliche Gebühr von zehn US-Dollar werden Fox-Fans mit ihrer Fernbedienung verschiedene Kamerawinkel einstellen, Standbilder verlangen oder sich eine Szene jederzeit während des Spieles wiederholen lassen können.

Wird der durchschnittliche Fernsehkonsument bereit sein, seine Bierdose auf den Tisch zu stellen, um den Kamerawinkel verändern zu können? Wir glauben nicht. Zumindest nicht, wenn das Heimteam sich zu einem Run auf das gegnerische Tor anschickt.

Fernsehregisseure werden teuer bezahlt, damit sie diese Dinge für uns erledigen. Warum sollte der durchschnittliche Seher sie selbst tun wollen – ohne Bezahlung?

Nicht nur das. Bis Sie wissen, welcher Kamerawinkel der beste ist, haben Sie schon das ganze Spiel versäumt. Nicht zu reden von den Frustrationen anderer Anwesender im Zimmer, die keine Fernsteuerung in ihren Händen halten.

Die Technologie triumphiert meist über die Logik. »Wenn du es baust, dann kommen sie«, meint Bill Gates, der Manager des Hochtechnologieteams, der andere Marktteilnehmer in großem Stil in die Entwicklung von Konvergenzprodukten einbindet. Zusätzlich zu seiner Investition in WebTV steckte Gates fünf Milliarden US-Dollar an Microsoft-Geld in AT&T, um dem Unternehmen beim Kauf eines Kabelfernsehunternehmens zu helfen. Als Gegenleistung verpflichtete sich AT&T, mindestens fünf Millionen Einheiten des Betriebssystems Windows CE von Microsoft zu lizenzieren.

Die beiden Firmen hoffen, dass eine General-Instrument-Settop-Box, der DTC-5000, zum Eingangspunkt für alle digitalen Informationen werden wird, die in Privathaushalte fließen. Zusätzlich zu den 500 interaktiven Kabelkanälen wird der DTC-5000 Telefon, Video auf Bestellung, dreidimensionale Klangwiedergabe, Videospiele und Internetzugang in sich vereinen. Das, was kluge Köpfe »die Box« nennen, gilt als Alleskönner des Informationszeitalters.

Das Skycar, das Amphicar, die Settop-Box. Milliarden US-Dollar werden auf der Jagd nach der Fata Morgana »Konvergenz« verschwendet. Aber warum machen wir um die Dummheiten rund um die Konvergenz so viel Aufhebens?

Weil mit Konvergenzdenken keine Marken aufgebaut werden können. Wenn Sie den Trugschluss hinter dem Konvergenzkonzept nicht klar erkennen, ist es unwahrscheinlich, dass es Ihnen gelingen wird, eine erfolgreiche Internet-marke aufzubauen. Die meisten Internetideen, die meisten Internetmarken und die meisten Internetunternehmen basie-ren auf Konvergenzkonzepten. Das ist der Grund, warum die meisten von ihnen scheitern.

- Was wäre, wenn Sie auf einer einzigen, bedienungs-freundlichen Website ein Haus suchen, kaufen und ver-kaufen und auch noch eine Hypothek darauf aufnehmen könnten? (Homeadvisor.com)
- Was wäre, wenn Sie mit Ihrem Computer Radiosendun-gen hören könnten? Sie brauchen dazu nichts weiter als Lautsprecher oder einen Kopfhörer und Audio-Software. (Spinner.com, Imagineradio.com, Netradio.com)
- Was wäre, wenn Sie auf Ihrem Computerbildschirm Fern-sehsendungen sehen könnten? (WinTV, ATI Technologies)
- Was wäre, wenn Sie mit Ihrem Mobiltelefon im Web sur-fen, E-Mails empfangen und Daten auf einen PC übertra-gen könnten? (NeoPoint, Nextel, Spring PCS)
- Was wäre, wenn Sie Ihren Computer zum Musikhören ver-wenden könnten? (MP3.com)

»Die Leute müssen an drei oder vier verschiedene Stellen gehen, wenn sie etwas erledigen wollen«, sagen uns viele unserer Beratungskunden. »Unsere neue Website bietet ihnen alles unter einem Dach.« (Ups! Wieder ein Klient, der auf das Konvergenzgerede hereingefallen ist.)

Die Tatsache, dass wir uns an zwei verschiedene Orte begeben müssen, um uns die Haare schneiden und unsere Kleider reinigen zu lassen, bedeutet noch keine große »Chance« für einen Möchtegern-Unternehmer. (Früher ließen wir uns an einem Ort die Haare schneiden und die Nägel maniküren. Jetzt suchen wir zu diesem Zweck zwei verschiedene Orte auf. Das ist Divergenz in Aktion.)

Warum die Dinge auseinander driften? Nun, ganz einfach: Divergenz steht im Einklang mit den Gesetzen der Natur, Konvergenz nicht.

In der Physik besagt zum Beispiel das Gesetz der Entropie, dass das Maß an Unordnung in einem geschlossenen System zunimmt. Im Gegensatz dazu würde ein Konvergenzmuster zu mehr Ordnung führen.

In der Biologie besagt das Gesetz der Evolution, dass neue Arten durch die Verzweigung einer einzelnen Art entstehen. Konvergenz würde im Gegensatz dazu bedeuten, dass zwei bestehende Spezies zu einer neuen verschmelzen.

In der Natur konvergieren die Dinge und Lebewesen nicht, sondern sie divergieren. Es gibt Hunderte von Hunde- und Katzenarten, aber nur sehr wenige Hundkatzen, Huhnenten oder Pferdkühe.

Ein Unternehmen wendet sich gegen die Gesetze der Natur, wenn es versucht, auf der Grundlage des Konvergenzkonzepts eine Internetmarke aufzubauen. »Bekommen Sie drei verschiedene Arten elektronischer Nachrichten – Voicemail, E-Mail und Fax? Wir können Ihnen helfen.«

Diese neuen »Alles in einem«-Dienste nennen sich »Unified Messaging Sites«. Statt dass Sie sich in Ihr Voicemail einwählen, Ihr E-Mail-Programm öffnen und auf Ihrem Fax nachsehen müssen, gehen Sie einfach zur Website des Anbieters und holen sich alle Ihre Botschaften ab (Messagesclick.com, Onebox.com, Telebot.com, MReach.com).

Was ist eigentlich an einem Unified Messaging Service auszusetzen? Nichts, außer dass er sich wie ein Boot fährt und wie ein Auto schwimmt.

11
Das Gebot des Wandels

*Die Internetrevolution wird alle Aspekte
unseres Lebens verändern*

Im Geschäftsleben gibt es immer mehrere Arten, etwas zu tun.

- Manche Leute kaufen bevorzugt in Spezialgeschäften ein, andere in Warenhäusern.
- Manche Leute kaufen am liebsten in Supermärkten ein, andere in Tante-Emma-Läden.
- Manche Leute lieben Einkaufszentren, andere hassen sie.
- Manche Leute bestellen gern aus Katalogen, andere nicht.
- Manche Leute kaufen bei Wal-Mart, weil die Preise niedrig sind. Andere gehen zu Käfer, weil die Preise hoch sind.
- Manche Leute erledigen einen großen Teil ihrer Einkäufe, ihrer Informationsbeschaffung und ihrer Kommunikation über das Internet. Andere nicht.
- Manche Produkte und Dienstleistungen werden hauptsächlich über das Internet verkauft. Andere nicht.

Wenn Ihr Produkt oder Ihre Dienstleistung in letztere Kategorie fällt, denken Sie vielleicht, Sie hätten vom Netz nichts zu erwarten. Das ist unserer Meinung nach aber falsch.

Das Internet wird Auswirkungen auf Ihr Geschäft haben, ganz gleich, ob Sie auf den Webzug aufspringen oder nicht. Welche Änderungen wird das Internet in Ihr Geschäfts- und Privatleben bringen? Die Zukunft lässt sich nie genau vorhersagen, aber wir wagen trotzdem einige Prognosen. Hier sind sie:

1. Aufzeichnungen auf Papier gehören der Vergangenheit an

Es wird Sie nicht überraschen, zu erfahren, dass die *Encyclopaedia Britannica*, die seit 1768 veröffentlicht wird, nicht länger in Papierversion herausgebracht wird. Von jetzt an wird die Enzyklopädie nur noch online oder auf CD-ROM erhältlich sein.

Die Unternehmen, die Branchenverzeichnisse herausgeben, sollten die Ohren spitzen. Die Finger, die diese Verzeichnisse bisher durchpflügten, werden in Zukunft verstärkt auf Tastaturen einhämmern.

»Information at your fingertips« – Informationen im Handumdrehen –, lockte Microsoft in seinen frühen Werbekampagnen. Und hatte Recht. Der Installateur, der Elektriker, der Tierarzt und der Autohändler lassen sich in einem elektronischen Verzeichnis leichter finden als in einem auf Papier gedruckten.

Was wird mit den zwölf Milliarden US-Dollar sein, die die Unternehmen jährlich in Werbung in den GelbeSeiten buttern? Gute Frage. Wir würden uns Sorgen machen, wenn wir davon lebten, Papierverzeichnisse herauszubringen oder Werberaum darin zu verkaufen.

Papierverzeichnisse sind dem Untergang geweiht. Der Grund dafür liegt in der Interaktivität des Internets. Der Benutzer kann eine einzelne Computerdatenbank auf buchstäblich Tausende Arten manipulieren.

Dazu kommt, dass die Datenbank täglich, ja sogar stündlich aktualisiert werden kann. Ein typisches »Branchenverzeichnis« kommt einmal im Jahr heraus und ist schon an dem Tag, an dem es Ihnen vor die Tür gelegt wird, veraltet.

Auch manche ehrwürdigen papierenen Institutionen werden in Zukunft Probleme haben, mit der elektronischen Konkurrenz mitzuhalten. Das 116 Jahre alte vollständige *Oxford English Dictionary* könnte es bald nicht mehr geben, wenn es auf Abonnementbasis online geht. Das Wörterbuch, das 22 Bände umfasst und 6000 Mark kostet, ist im Zeitalter des Internets ein Dinosaurier.

2. Papierkataloge blicken einer ungewissen Zukunft entgegen

Die Briefkästen in aller Welt werden tagtäglich mit zahllosen Katalogen voll gestopft. Laut einer Schätzung wurden 1999 in den Vereinigten Staaten insgesamt 17,6 Milliarden Kataloge verschickt. Das waren pro Person – Mann, Frau und Kind – 64 Stück.

Das könnte sich ändern. Kataloge aller Arten werden unter starken elektronischen Wettbewerbsdruck geraten. Es gibt eine Reihe von Gründen dafür, dass Webkataloge solchen aus Papier überlegen sind.

Ein elektronischer Katalog kann interaktiv sein. Sie können das Angebot nach Typ, Größe, Farbe, Preis, Gewicht etc. sortieren. Denken Sie nur zum Beispiel an Amazon.com. Auf dieser Site können Sie sich das Angebot nach Autor, Titel, Thema oder Kategorie anzeigen lassen. Im Gegensatz dazu ist ein Papierkatalog so klobig und unpraktisch, dass die Firmen in Zukunft nur noch wenige Kataloge drucken und versenden werden, außer für kleine Angebotssektoren.

Dazu kommt, dass ein elektronischer Katalog im Vertrieb viel billiger ist. Sobald das Material in einem elektronischen Format zusammengestellt ist, sind die Vertriebskosten praktisch null. Die Herstellung eines Papierkatalogs kann im Gegensatz dazu kostspielig sein. Allein der Druck dieser 17,6 Milliarden Postwurfraketen verschlang 3,35 Millionen Tonnen Papier.

Was also tun, wenn Sie L. L. Bean, einer der Katalogversender, sind? Gute Frage.

Die Umsätze von L. L. Bean waren in den letzten Jahren eher schwach. Das setzt das Unternehmen unter Druck, da es rund 30-mal pro Jahr Kataloge druckt und versendet. Und die Druck- und Versandkosten steigen ständig.

Also richtet L. L. Bean eine Website ein und verkauft dieselben Produkte, die auch in den Katalogen abgebildet sind. Ist das eine gute Idee oder nicht?

Ja und nein. Im Allgemeinen ist es so, dass Sie eine Marke schwächen, wenn Sie ihren Spielraum verbreitern. Auf lange Sicht erhöhen mehrere Vertriebskanäle die Kosten erheblich, nicht aber den Umsatz.

Eine voll funktionale Website mit Computerhardware und Servicepersonal mitsamt den zugehörigen Programmierern gehört nicht gerade zu den Schnäppchen, was die Kosten anbelangt.

Um das Unternehmen wieder in Schwung zu bringen, eröffnet L. L. Bean zusätzlich zu seinen neun Factory Outlets eine Reihe von Einzelhandelsgeschäften. Outlets helfen dem Unternehmen, übrig gebliebene Ware loszuwerden. Wenn Sie aber ein Einzelhandelsgeschäft eröffnen, konkurrieren Sie direkt mit sich selbst, und das kann keine gute Idee sein.

Eine bessere Lösung für L. L. Bean und andere Versandunternehmen, die bisher Kataloge verwendeten, wäre, das ganze Unternehmen ins Web zu verlegen. Versuchen Sie nicht, zwei teure Vertriebskanäle für eine Marke mit beschränktem Markt aufrechtzuerhalten.

Der Umstieg kann natürlich nicht über Nacht vollzogen werden. Sie brauchen eine gewisse Umstellungszeit. Wir würden die Zahl der versendeten Kataloge Schritt für Schritt verringern und einen Teil der Ersparnisse in Publicity und Werbung für die Website stecken. Sie müssen etwas haben, womit Sie potenzielle Kunden auf Ihre Site locken.

Einer der größten Vorteile der Bestellung von Produkten über einen Computer statt aus einem Katalog liegt in der Interaktivität der Website. Sie wissen sofort, ob ein Produkt in der von Ihnen gewünschten Größe und Farbe auf Lager ist oder nicht.

(Das ist natürlich nur ein theoretischer Vorteil. Viele Sites haben ihren Warenbestand noch nicht mit dem Bestelleingabesystem koordiniert.)

Wenn Sie telefonisch aus einem Katalog bestellen, ist es unvermeidlich, dass mindestens einer der gewünschten Artikel nicht auf Lager ist.

Sollten nun alle Versandunternehmen ins Web gehen? Natürlich nicht. Es gibt immer mehrere Möglichkeiten, etwas zu tun. Bei bestimmten Produkten in bestimmten Kategorien mag es die bessere Strategie sein, bei den Katalogen zu bleiben. Wenn weniger Kataloge per Post verschickt werden, werden jene Versandunternehmen, die bei dieser Methode bleiben, profitieren.

3. Aufwändige Vierfarbbroschüren werden immer seltener werden

Viele Unternehmen werden ihre Gepflogenheit überdenken, teure Broschüren zu produzieren, die frisch aus der Druckerpresse praktisch schon veraltet sind. Es ist viel effizienter, einen potenziellen Kunden auf einen virtuellen Spaziergang durch die Website zu schicken, auf der er dieselben Informationen erhält wie im Katalog, aber brandaktuell.

Wenn dem potenziellen Kunden etwas ins Auge fällt, kann er sich die entsprechende Seite mit einem der kostengünstigen Farbdrucker, die es jetzt schon auf dem Markt gibt, sofort ausdrucken.

Eine Möglichkeit, für ein Seminar zu werben, besteht zum Beispiel in billigen Massensendungen (zum Beispiel Postkarten), in denen die Interessenten eingeladen werden, sich die Details auf der Website anzusehen.

Jahresberichte von Unternehmen sind eine weitere Kategorie gedruckter Broschüren, deren Tage gezählt sind. Vielleicht wird es aber noch eine Zeit lang dauern, bis die Börsenaufsicht die diesbezüglichen Bestimmungen ändert.

4. Kleinanzeigen werden ins Web abwandern

Die Zeitungen erwirtschaften einen großen Teil ihrer Erträge mit Kleinanzeigen. Das ist eine Kategorie, die durch das Web unter immensen Druck geraten wird, insbesondere in den Bereichen Immobilien, Wohnungsmarkt und Jobs.

Nehmen Sie nur zum Beispiel die Sparte »Haushaltshilfe gesucht«. Die erste Website, die sich dieser Kategorie zuwandte, war Monster.com, das heute in den Online-Jobangeboten im Web führend ist. (Eine neue Kategorie zu schaffen, in der Sie der Erste sind, ist eine klassische Marketingstrategie für potenzielle Marktführer, gleich ob im Web oder in der realen Welt.)

Derzeit erzielt die Site, die gegen Gebühr Stellenanzeigen von Unternehmen auflistet und den Zugang zu 1,5 Millionen Lebensläufen bietet, einen Umsatz von 100 Millionen US-Dollar. Jeden Monat wird sie von mehr als sieben Millionen Menschen besucht, die sich 227 000 Jobangebote anschauen können. Monster.com wirft sogar Gewinn ab.

Auf lange Sicht wird das Internet mit Sicherheit einen großen Teil der Anzeigenerträge der lokalen Zeitungen wegknabbern. Was soll der *Tagesanzeiger* dagegen unternehmen?

Rückblickend ist die Antwort leicht: Eine Website für Jobanzeigen einrichten, bevor Monster.com auf den Plan tritt. Wer weiß schon mehr über den Stellenmarkt als die Zeitungsbranche? Die Unternehmen, die ihr Geld heute bei Monster.com ausgeben, waren schließlich jahrelang die Kunden der Zeitungen.

So ist es oft. Die Leute, die am meisten über einen bestimmten Markt oder über eine bestimmte Branche wissen, sind oft diejenigen, die die Veränderung am wenigsten erwarten. Das Motto vieler großer Unternehmen lautet: »Keine Veränderung hören. Keine Veränderung sehen. Nicht von Veränderung sprechen.«

5. Die Post wird nicht mehr so viele Poststücke zustellen

Früher prangte das Wort »Briefträger« deutlich erkennbar auf den Uniformen der Zusteller. Damit ist es vorbei. Heute stellt der durchschnittliche Briefträger nicht mehr viele Briefe zu. Briefe werden heute elektronisch zugestellt, sei es per Telefon, per Fax oder per E-Mail.

In einem der letzten Jahre wurden über vier Billionen E-Mails verschickt, 40-mal mehr als die 99,7 Milliarden Briefe, die von der Post zugestellt wurden.

Das größte Segment der Briefpost sind heute Rechnungen und Bankauszüge. Briefe für das Versenden und Bezahlen von Rechnungen allein machen 17 Milliarden US-Dollar oder fast 30 Prozent des gesamten Umsatzes der Post aus. Dieser Bereich ist durch das Internet besonders gefährdet.

Der Großrechner der Telefongesellschaft druckt eine Rechnung aus, die in einen Umschlag gesteckt und per Post versendet wird. Nachdem die Rechnung zugestellt ist, schreibt der Kunde einen Scheck aus, steckt ihn in den Rückumschlag und verschickt ihn ebenfalls per Post. Nachdem die Post den Umschlag zugestellt hat, wird er von der Telefongesellschaft geöffnet, und der auf dem Scheck angegebene Betrag wird auf ihrem Bankkonto gutgeschrieben. (Bis zu diesem Zeitpunkt kostet die postalische Hin- und Rücksendung bereits 66 Cents abzüglich des kleinen Postdiscounts für vorsortierte Briefpost.)

Aber jetzt wird es interessant. Die Computer der Bank passen den Betrag auf dem Bankkonto der Telefongesellschaft nach oben und den auf dem Konto des Kunden nach unten an. (Das ist natürlich nur dann der Fall, wenn Verkäufer wie Käufer dieselbe Bank verwenden. Ansonsten sind mehrere Transaktionen zwischen den Banken erforderlich.)

So viel Papier, so hohe Postgebühren, so viel Arbeit – nur um eine Zahl in einem Computer von Spalte A in Spalte B zu verschieben.

Die Leute vergessen oft, dass Geld kein »schweres Papier«

ist. Es ist auch kein Gold in dunklen Gewölben. Geld ist nichts weiter als elektronische Informationselemente, die auf Computern in aller Welt gespeichert werden. Um Geld von einem Konto auf ein anderes zu überweisen, schiebt man nur die Bits hin und her.

Das Online-Versenden und -Bezahlen von Rechnungen ist eine Idee, deren Zeit reif ist. Wir prognostizieren eine rasante Zunahme des Electronic Banking und einen rapiden Rückgang in der Zahl der Prioritätspoststücke.

Wenn Sie meinen, dass das noch Zukunftsmusik ist, sehen Sie sich doch den phänomenalen Anstieg bei den E-Mails an. Hier betragen die Zuwachsraten fast 50 Prozent jährlich. Kann E-Banking da weit hinterherhinken?

Laut einem kürzlich erschienenen Bericht des Bundesrechnungshofs »könnte sich die Post dem Ende ihrer Ära nähern«.

6. Finanzdienste aller Art werden sich ins Web verlagern

Da Geld in unserer Welt eigentlich nichts anderes ist als Bits, die zwischen Computern hin und her geschoben werden, ist die gesamte Finanzdienstleistungsbranche drauf und dran, sich ins Internet zu verlagern.

Die Leute finden es einfach angenehm, im Schlafzimmer oder im Büro auf ihr Bankkonto zugreifen und Rechnungen überprüfen und bezahlen, Geld transferieren und Kredite aufnehmen zu können, und das alles, indem sie Bits auf einem Bankcomputer manipulieren.

Der Computer revolutionierte die Bankindustrie schon einmal mit der Einführung des Geldautomaten. Was der Geldautomat ins Rollen brachte (gemeinsam mit dem Internet), wird der Computer vollenden. Es gibt keinen Grund, warum Bank- und die meisten Finanztransaktionen wie Versicherungen und Aktienhandel nicht über das Internet abgewickelt werden sollten.

Die Verlagerung von Finanztransaktionen ins Internet kann erhebliche Einsparungen mit sich bringen. Eine Kundentransaktion, die der Geldautomat für 1,10 US-Dollar bewerkstelligen kann, kostet im Durchschnitt 4,20 US-Dollar, wenn sie von einem Schalterbeamten durchgeführt wird. Dieselbe Transaktion im Internet könnte nur zehn Cents kosten.

Das ist aber nur die Spitze des finanziellen Eisbergs. Die eigentlichen Einsparungen werden in den Bereichen Fakturierung und Bezahlung von Rechnungen liegen. In den Vereinigten Staaten werden jährlich rund 70 Milliarden Schecks ausgestellt. (Das sind pro Person 260 Schecks.) Ein großer Teil dieses Papierbergs könnte problemlos ins Netz verlagert werden. Dabei könnte nicht nur Geld gespart, sondern auch die Buchhaltung für Unternehmen und Einzelkunden erleichtert werden.

Eine Schwierigkeit liegt natürlich darin, dass der Computer kein echtes Geld ausgeben kann, wie es ein Geldautomat tut. Aber vielleicht wird sich zeigen, dass das gar nicht so problematisch ist. Die Bedeutung des Papiergeldes ist rückläufig, da immer mehr Leute mit Kredit-, Kunden- und Scheckkarten einkaufen.

Sie können eine Woche lang unterwegs sein, ohne Papiergeld zu verwenden (wir haben es ausprobiert!). Ausgenommen ist Kleingeld für Trinkgeld, Taxis und Zeitungen. Inzwischen beginnen auch schon die Taxiunternehmen, Kreditkarten zu akzeptieren. Wir werden aber wahrscheinlich noch eine Zeit lang warten müssen, bevor Hotelportiers oder Gepäckträger auf Flughäfen Kreditkarten akzeptieren. (Wenn sie es täten, müssten sie nämlich ihre Trinkgelder in der Steuererklärung deklarieren.)

7. Die Paketzustelldienste werden explodieren

Das Internet wird sich auf die Paketzustelldienste äußerst belebend auswirken. UPS (United Parcel Service) könnte seinen Namen in IPS (Internet Parcel Service) ändern.

Aufgrund der hohen Zuwächse ist zu erwarten, dass die Zustellpreise gleich bleiben oder sogar zurückgehen werden. Die Schwachstelle des Systems ist die Haustür des Kunden. Da es so viele DINK-Familien (Double Income, No Kids = kinderlose Doppelverdiener) gibt, sind viele Kunden nicht zu Hause, wenn das Paket zugestellt wird.

Manche Unternehmen arbeiten bereits an diesem Problem. Gedacht ist zum Beispiel an die Smartbox, eine verstärkte, in verschiedenen Größen erhältliche, absperrbare Box, die Sie vor Ihrem Haus aufstellen können. Um den Zustelldiensten den Zugang zu ermöglichen, wird das Ding mit dem Internet verbunden sein. Wenn Sie über das Internet etwas bestellen, erstellt und überträgt eine spezielle Software für jede Bestellung einen Code. Der Zusteller kann den Code auf einer Tastatur eingeben, um die Box aufzusperren und das Paket abzuliefern.

8. Der Einzelhandel im Internet wird zu einem Preisspiel werden

Werden die meisten Produkte im Cyberspace gekauft werden? Wohl nicht. Aber das Internet wird den Fokus der meisten Einzelhändler drastisch verändern.

Manche Einzelhändler machen sich Sorgen. Home Depot, das begonnen hat, seine eigenen Produkte über das Internet zu verkaufen, setzt Lieferanten, die ähnliche Träume hegen, den Kopf zurecht. Es sandte vor kurzem ein Schreiben an alle seine Händler, in dem es sie aufforderte, es sich gut zu überlegen, ob sie ihre Waren über ihre Websites direkt an die Konsumenten verkaufen wollten.

»Wir halten es für kurzsichtig, wenn Anbieter den Mehrwert ignorieren, den ihre Produkte durch unsere Einzelhandelsgeschäfte erhalten«, stand im Schreiben von Home Depot zu lesen.

Wie wird das Internet den Einzelhandel der Zukunft verändern? Um sich eine Vorstellung von der bevorstehenden

Revolution zu verschaffen, ist es vielleicht hilfreich, einen Blick auf die Geschichte des Einzelhandels zu werfen. Vor 50 Jahren war Sears, Roebuck & Co. das erfolgreichste Einzelhandelshaus der Welt.

Wofür war Sears bekannt? Es war keine bestimmte Produktkategorie, denn Sears verkaufte alles. Wenn Volvo für »Sicherheit« stand, BMW für »Fahren« und Nordstrom für »Service«, stand Sears, Roebuck & Co. unserer Meinung nach für »Vertrauen«. (Das Unternehmen verfügt über jede Menge Studien, die zeigen, dass das stimmt.)

Die Kunden vertrauten Sears, ihnen gute Produkte zu vernünftigen Preisen zu verkaufen.

Ist das heute nicht mehr so? Nein. Was hat sich verändert? Nun, nicht Sears. Dort werden immer noch gute Produkte zu angemessenen Preisen verkauft: Kenmore-Kühlschränke, DieHard-Batterien, Craftsman-Werkzeug und andere Sears-Marken.

Was sich geändert hat, ist der Aufstieg der nationalen Marken. Seit der Glanzzeit von Sears, Roebuck verzeichnete das Land einen Höhenflug angesehener nationaler Marken. Um nur einige zu nennen: Maytag, Black & Decker, Goodyear, Kitchen Aid, Cuisinart, Sony, Nintendo, Ralph Lauren, Levi's.

(Sears zollte der Macht der nationalen Marken gegenüber den Hausmarken Anerkennung, indem es vor einigen Jahren sein »Brand Central«-Konzept einführte.)

Mit dem Aufstieg der nationalen Marken veränderte sich die Natur des Einzelhandels. Das »Vertrauen« wanderte nun in den Markennamen. Das Einzige, was der Einzelhändler lieferte, war das »Produkt« zu einem bestimmten »Preis«.

Die Leute haben Vertrauen zu Sears, aber dann kaufen sie doch bei Wal-Mart. Die Marken sind genau dieselben, aber die Preise bei Wal-Mart sind niedriger. »We sell for less« – »Bei uns kostet's weniger«, wie es in der Werbung heißt.

Dank der nationalen Marken können die Kunden die Einzelhandelspreise vieler verschiedener Kategorien miteinander vergleichen. Der Einzelhandel ist zu einem Preisspiel geworden. Und deshalb ist heute nicht mehr Sears der größte Einzelhändler der Welt, sondern Wal-Mart.

Der Preis ist zum wichtigsten Faktor des Einzelhandels geworden. Nehmen Sie eine Zeitung zur Hand, und sehen Sie sich die Einzelhandelsanzeigen an. Was finden Sie? Das, was die Branche »Artikel und Preis«-Werbung nennt. Es werden einfach Markenname, Produktkategorie, Größe und Preis angeführt.

»Star-Kist-Thunfisch, 100-g-Dose, 89 Cents!«

Gehen Sie eine beliebige amerikanische Geschäftsstraße entlang, und sehen Sie sich die Auslagen an. Was sehen Sie? Schilder mit der Aufschrift »Sale« – Schlussverkauf. Wir spazierten vor einiger Zeit eine Einkaufsstraße entlang und zählten sage und schreibe zwölf Geschäfte in einer Reihe, in deren Schaufenster das besagte Schild prangte. Erst das dreizehnte Geschäft lockte nicht damit.

Das Preisspiel verursacht den Herstellern viele Probleme. Die Einzelhändler bestehen in ihren Vertriebsgebieten oft auf Exklusivität, damit sie mit dem »niedrigsten Preis der Stadt« werben können. Die Hersteller passen sich den Umständen an, indem sie eine verwirrende Vielfalt von Modellen, Farben und Größen anbieten. (Matratzen- und Bettwarenhersteller sind dafür berüchtigt.)

Wal-Mart und andere Supermärkte sind dafür bekannt, von den Herstellern Sondergrößen zu verlangen, für die sie einen höheren Discount erhalten und deren Preise die Kunden nicht so leicht mit den Preisen derselben Produkte in anderen Einzelhandelsgeschäften vergleichen können. Dann gibt es Sonderangebote, Auslaufmodelle, alte Modelle, Modelle zweiter Wahl und eine Fülle anderer Strategien, die Preise im Einzelhandel zu senken. Außerdem werden aus anderen Ländern Produkte vom grauen Markt eingeführt. (Das ist der Grund, warum man bei CostCo einen Mach-3-Rasierer findet, dessen Verpackung in Frankreich gedruckt wurde.)

Das Internet wird die Natur des Einzelhandels verändern, indem es vielen dieser »Preis«-Werbungen den Boden entzieht. Wenn die Kunden wirklich den absolut niedrigsten Preis wollen, dann müssen sie im Internet einkaufen.

Anstatt jede Menge verschiedener Anzeigen zu lesen oder von Geschäft zu Geschäft zu hetzen, kann sich ein Kunde nun in aller Ruhe vor seinen Computer setzen und die Preise ähnlicher Artikel anhand einer Fülle von Quellen rasch vergleichen.

Außerdem kann er einen »Agenten« einspannen, der ihm hilft. Agenturen wie ClickTheButton, DealPilot und RUSure haben Software entwickelt, die verschiedene Einkaufssites nach Preis- und Lieferdaten durchforstet und die Informationen dann sortiert (meist nach dem Preis).

DealTime.com wirbt zum Beispiel dafür, »dass Sie jederzeit alles finden, was Sie wollen, und zwar zu Ihrem Wunschpreis«. BookPricer.com hilft Ihnen, »in weniger als 30 Sekunden den niedrigsten Preis jedes Buches« zu finden.

Wenn wir schon von Büchern sprechen: Amazon.com verkauft *New York Times*-Bestseller mit einem Rabatt von 50 Prozent. Booksamillion.com verschleudert die Top-Ten-Bestseller um 55 Prozent billiger. (Manche Verlage gewähren nicht einmal ihren Autoren für deren eigene Bücher einen solchen Preisnachlass. Wir müssen das wissen.)

Dann ist da Buy.com mit seinem Werbeslogan »The lowest prices on earth« – die niedrigsten Preise der Welt. Das Unternehmen versucht mit allen Mitteln, Preisführer zu sein, auch wenn das bedeutet, bei jedem Geschäft Geld zu verlieren. Die Technologie der Firma durchsucht die Sites der Konkurrenten, um sicherzustellen, dass Buy.com die niedrigsten Preise im Web anbietet. Vor kurzem wurde der Palm Organizer auf Buy.com für 249 US-Dollar angeboten. Bei Comp-USA kostete er 330 und auf der Website des Herstellers selbst 369 US-Dollar.

Buy.com ist dabei, den Verkaufsrekord des ersten Compaq-Jahres in Höhe von 111 Millionen US-Dollar zu durchbrechen. Damit würde es zum am schnellsten wachsenden Unternehmen der US-Geschichte. (Seine nächste Aufgabe besteht darin, herauszufinden, wie es Geld verdienen könnte.)

Und sehen Sie sich den Markt für Billig-PCs an. Im Web ist der häufigste Preis »gratis«. Der Verkäufer holt sich seinen Gewinn durch Werbung oder einen langfristigen Vertrag für Internetdienste.

CompUSA, der einzige physische Einzelhändler, der hauptsächlich PCs verkauft, schließt nun 14 seiner insgesamt 211 Superstores. The Good Guys, die an der US-Westküste 80 Elektrogeschäfte betreiben, kündigten an, voll und ganz aus dem PC-Geschäft auszusteigen.

Augenblick mal. Der physische Einzelhandel hat vom Internet nichts zu befürchten. Aber er muss seinen derzeitigen Schwerpunkt »niedrige Preise« verlagern. Er muss sich neu fokussieren.

9. Der Einzelhandel außerhalb des Netzes wird zu einem Servicespiel werden

Der Aufstieg der nationalen Marken veranlasste Sears, seine Strategie zu ändern, und der Aufstieg des Internets wird die Einzelhändler veranlassen, dasselbe zu tun.

Welche Einzelhandelsstrategien werden im Schatten des Internets funktionieren? Wir meinen, dass der erfolgreiche Einzelhändler der Zukunft kein Preisspiel, sondern ein Servicespiel wird spielen müssen. Etwa das, was man den Nordstrom-Ansatz nennen könnte. (Über den Preis kann kein physischer Einzelhändler mit dem Internet konkurrieren. Das ist aussichtslos.)

Der erfolgreiche Einzelhändler der Zukunft, der außerhalb des Internets agiert, wird die zwei wichtigsten Aspekte der physischen Erfahrung betonen müssen: Anfassen und Zeit – oder Touch and Time, T 'n' T, wie wir es nennen.

Beim Touch-Teil der T 'n' T-Strategie geht es darum, dass der Kunde das Produkt halten, fühlen, schmecken, riechen, in die Hand nehmen und ausprobieren kann, anstatt es nur zu sehen und darüber zu lesen. (Schließlich kann man das Produkt im Internet in vollen Farben sehen.)

Viele Einzelhändler werden ihre Geschäfte viel »berührungsfreundlicher« machen müssen. Allzu viele Produkte führen in Glasschränken oder in klobigen Verpackungen ein hermetisch abgeriegeltes Dasein.

In diesem Zusammenhang sind die erfolgreichen Bestrebungen von Saturn, eine kundenfreundlichere Umgebung zu schaffen, ein gutes Vorbild, an das sich viele traditionelle Einzelhändler halten sollten.

Auch The Sharper Image legt großen Wert darauf, seine Läden berührungsfreundlich zu gestalten. Die Kunden werden ermutigt, die vielen elektronischen Geräte im Geschäft zu berühren und auszuprobieren.

Die Kosmetikkette Sephora ist ein weiteres Beispiel für die Zukunft des Einzelhandels. Mit einer attraktiven Umgebung, freundlichen Verkäufern und umfassenden Produktlinien bietet Sephora alles, was sich Kosmetikkunden wünschen können – außer niedrigen Preisen. Wenn Sie die absolut niedrigsten Kosmetikpreise wollen, müssen Sie sich im Internet umsehen.

Kinobetreiber machten dieselbe Entwicklung durch. Sie werteten ihre Häuser auf, sodass sie mit Kabelfernsehen und Gratisfilmen im Fernsehen konkurrieren können. Nun findet man kleinere Kinos, größere, bequemere Sitze und Multiplex-Leinwände. Sogar das Popcorn wird besser.

Der Preis ist nicht alles. Bier kann man billiger zu Hause trinken, aber trotzdem sind die Bars der Nachbarschaft jeden Abend voller Twens, die Bud Light zu Fantasiepreisen in sich hineingießen.

Der zeitliche Aspekt der T 'n' T-Strategie erscheint logisch. Im Vergleich zum Netz sparen Sie beim physischen Einzelhändler Zeit, weil Sie nicht zu warten brauchen, bis Ihnen die Post oder irgendein Zustelldienst Ihr Paket an die Haustür liefert.

Aber der Zeitfaktor hat noch subtilere Aspekte. Wenn Sie im physischen Einzelhandel kaufen, brauchen Sie theoretisch keine Wartezeit in Kauf zu nehmen. In der Praxis ist der Kunde aber oft frustriert, weil der gewünschte Artikel nicht vorrätig ist. »Kommen Sie nächste Woche vorbei, wenn wir die neue Lieferung haben.«

Der Kunde der Zukunft wird physische Einzelhändler, die oft mit Lagerproblemen zu kämpfen haben, nicht mehr tolerieren. Viele dieser Probleme haben ihre Wurzel im Bestreben des Einzelhändlers, niedrige Preise zu bieten, was zu speziellen Vereinbarungen und Einkaufsbedingungen führt. Von einer Niedrigpreisstrategie abzurücken bedeutet, dass sich ein Einzelhändler darauf konzentrieren kann, seine Lagerbestände aktuell und vollständig zu halten.

Wenn man von Supermärkten, Rund-um-die-Uhr-Läden und Ähnlichem absieht, verlassen etwa 50 Prozent aller Kunden das Geschäft, ohne etwas gekauft zu haben. Der wichtigste Grund ist, dass das Geschäft das Gewünschte nicht auf Lager hatte.

Die meisten Geschäfte werden wahrscheinlich auch in Zukunft nicht über das Web abgewickelt werden. Aber die Internetrevolution wird alle Unternehmen zwingen, ihre Strategie anzupassen und von einer Preisstrategie auf eine Servicestrategie überzugehen. T 'n' T, wenn Sie so wollen.

10. Die Internetsuchmaschinen werden an Bedeutung verlieren

Suchmaschinen wie Yahoo! erweitern emsig ihre Funktionen. Dabei sollten sie angesichts des bevorstehenden stürmischen Wetters die Planken dicht machen. Suchmaschinen (oder Portale) werden nicht mehr so wichtig sein, wie sie es in der Vergangenheit waren.

Betrachten Sie die Sache so: Die Leute werden mit den Internetmarken, für die sie sich interessieren, langsam vertraut. Deshalb gehen sie direkt zu den betreffenden Sites, anstatt den Umweg über Suchmaschinen zu nehmen. Wenn Sie ein Buch kaufen wollen, gehen Sie zu Amazon.com. Und nicht zu Yahoo! Schließlich wissen Sie schon, wer im Internet Bücher verkauft.

Diese Zukunftssicht stimmt mit unseren Erfahrungen in der realen Welt überein. Nehmen wir an, Sie ziehen in eine neue Stadt. Nun nehmen Sie vielleicht das Branchenverzeichnis (Papier-Suchmaschine) zur Hand, bevor Sie einkaufen gehen. Nachdem Sie aber die Geschäfte in Ihrer neuen Stadt kennen, brauchen Sie nicht mehr in den GelbeSeiten nachzuschlagen.

Yahoo! ist die Willkommensseite im Internet. Wunderbar für Neuankömmlinge, aber weniger wichtig für erfahrene Internet-User.

11. Das Internet wird viele Aspekte der Telefonindustrie verändern

Internet und Telefon haben viele Gemeinsamkeiten. Beide sind Informations- und Kommunikationsmedien, wenn auch mit unterschiedlicher Gewichtung.

Wenn das Internet zu 80 Prozent Information und zu 20 Prozent Kommunikation ist, gilt für das Telefon das Gegenteil: 20 Prozent Information und 80 Prozent Kommunikation.

Das Informationssegment des Telefonmediums ist ein großes Geschäft, auch wenn es nur rund 20 Prozent der gesamten Telefonate ausmacht. Das sichtbare Symbol für dieses Informationssegment sind – natürlich – die GelbeSeiten. »Überlassen Sie das Gehen Ihren Fingern.«

Das wird sich ändern. Das Internet wird ein direkter Konkurrent des Telefons werden. (Die Telefongesellschaften können von Glück sagen, dass die meisten Leute für die Verbindung mit dem Internet eine Telefonleitung verwenden.)

Auf der Kommunikationsseite werden die E-Mails viele Telefonate und Faxe ersetzen. Auf der Informationsseite wird sich das Netz zum neuen Branchenverzeichnis entwickeln.

Was das Fernsehen beim Radio bewirkte, wird das Internet beim Telefon bewirken. Das Fernsehen löschte die Unterhaltung im Radio praktisch aus. Das Internet wird bei der telefonischen Information dasselbe tun. Vergessen Sie die Telefonauskunft und die zehn Minuten Wartezeit, bis Ihnen endlich jemand die gewünschte Teilnehmernummer heraussucht.

Viele Leute können es gar nicht erwarten. Wie viele Stunden Ihres Lebens hörten Sie sich unfreiwillig Tonbänder an, bevor Sie endlich zu der Person durchdrangen, die Sie erreichen wollten? Die automatischen Anrufweiterleitungssysteme, die von den meisten Unternehmen verwendet werden, sind ein Ärgernis.

Wenn Sie anrufen, werden Ihnen zuerst mehrere Optionen angeboten. Nachdem Sie eine endlose Zahl von Nummern eingetippt haben, bekommen Sie die folgende Nachricht zu hören: »Alle unsere Mitarbeiter sind derzeit mit der Beantwortung von Kundenanliegen beschäftigt. Ihr Betreuer wird sich in Kürze um Sie bemühen.«

Da die menschliche Schnittstelle im Internet wegfällt, werden sich die Informationssuchenden zunehmend an dieses Medium wenden. Reservierungen von Flugtickets, Kinokarten, Karten für Rockkonzerte und Sportveranstaltungen oder Auskünfte über die Öffnungszeiten von Restaurants sind nur einige der Dinge, die vom Telefon ins Internet wandern werden.

12. Der Weg des Internets ist mit Stolpersteinen gepflastert

Trotz unserer rosigen Prognosen stehen dem Internet in nächster Zukunft zwei Stolpersteine bevor.

Der erste ist die Internet-Bubble. Die Tatsache, dass zwei Typen unter 30 mit 30 Millionen US-Dollar Risikokapital eine Website starten, bedeutet noch lange nicht, dass der Wert der Site automatisch auf drei Milliarden US-Dollar steigen wird. Früher oder später wird es einen Einbruch geben.

Trotz der enormen Akzeptanz, die das Internet gefunden

hat, wird es schwer sein, im Netz Geld zu verdienen. Das Internet ist ein hochvolumiges Medium mit niedrigen Spannen. Anders ausgedrückt – ein Preisspiel. Wir glauben, dass die Investoren die wahre Natur dieses Mediums – noch – nicht verstanden haben. Obwohl das Internet sehr populär ist, ist es nicht besonders profitabel. Und es ist der Profit, auf den Wall Street im Allgemeinen aus ist.

Mit einem konsolidierten Umsatz von 24 Milliarden US-Dollar (und konsolidierten Verlusten von sieben Milliarden US-Dollar) haben die großen Internetunternehmen auf dem Aktienmarkt einen Wert von 549 Milliarden US-Dollar. Früher oder später wird die Blase platzen.

Wenn Sie Internetaktien besitzen, sollten Sie das Buch »The Internet Bubble« von Anthony B. Perkins und Michael C. Perkins, Herausgeber des Magazins *Red Herring*, lesen. Die Brüder Perkins sind keine Angstmacher, sondern Insider, die täglich über die Risikokapitalindustrie berichten. Ihre Prognose einer bevorstehenden Krise ist beängstigend.

Das Internet wird überleben und florieren. Aber viele Internetunternehmen werden von der Bildfläche verschwinden.

Der zweite Stolperstein für das Internet ist die Steuerfrage. Bundesländer und Staat werden das Internet nicht für unendliche Zeiten ungeschoren lassen. Früher oder später werden sie ein Stück vom Kuchen beanspruchen. Darauf können Sie Gift nehmen.

Ausblick

Was wird die Zukunft bringen? Was wird nach dem Internet kommen? Worin wird die technologische Revolution der ersten Dekade dieses Jahrhunderts bestehen? Wer weiß?

Es könnte der optische Computer sein, der Informationen nicht mittels Elektronen, sondern mittels Photonen überträgt. Eine solche Entwicklung könnte die Größe aller Computer drastisch reduzieren und ihre Geschwindigkeit und ihre Speicherkapazitäten explodieren lassen. Das Mooresche Gesetz, dem zufolge sich die Leistungsfähigkeit von Computern alle 18 Monate verdoppelt, würde lachhaft werden.

Es könnte ein neuer, leichter, hoch effizienter und ultraleistungsstarker Motor sein. Eine solche Entwicklung könnte die Transportindustrien – Auto, Flugzeug, Schifffahrt und Eisenbahn – revolutionieren.

Es könnte eine neue Entwicklung im Bereich der Genetik sein, insbesondere auf dem Gebiet der Landwirtschaft. Eine solche Entwicklung könnte die Pflanz-, Zucht- und Erntemethoden revolutionieren.

Was immer die Zukunft bringt, eines ist gewiss: Es wird sich um eine destabilisierende Entwicklung handeln. Sie wird die Art und Weise, wie Sie Ihr Geschäft führen und wie Sie Ihre Marken aufbauen, verändern.

Und es wird ein neues Buch erscheinen:
»Die unumstößlichen Gebote des _____-Branding«.

Vielleicht werden wir es schreiben, vielleicht nicht. Aber Sie können sicher sein, dass es geschrieben werden wird.

ISBN 3-430-17767-7
Ries
Internet Branding
ECON HC

€ 19,95 [D]
DM 39,02

9 783430 177672

Folie und Etikett
sind recyclingfähig

Econ 1